Bibliografische Information der Deutschen Nationalbibliothek:

Die Deutsche Nationalbibliothek verzeichnet diese Publikation in der Deutschen Nationalbibliografie; detaillierte bibliografische Daten sind im Internet über http://dnb.d-nb.de abrufbar.

Impressum:

Copyright © 2014 ScienceFactory

Ein Imprint der GRIN Verlags GmbH

Druck und Bindung: Books on Demand GmbH, Norderstedt, Germany

Coverbild: pixabay.com

Korrekt konsumieren

Die ökologische Macht des bewussten Einkaufens

Dr. Christin Schröder

Nachhaltigkeit und Konsum

Vom Konzept der nachhaltigen Entwicklung zum lebensstilspezifischen Konsum

2002

1. Einleitung

Konsumieren Menschen aus unterschiedlichen sozialen Schichten anders? Konsumieren sie unterschiedlich umweltbewusst? Und wenn das so ist, auf was ist dieses Verhalten zurückzuführen? Auf ihr Einkommen, ihre berufliche Stellung, ihr Geschlecht oder auf ihre Bildung? Um einen lebensstilspezifischen Konsum nachzuweisen, hat das Institut für sozial-ökologische Forschung (ISOE) in Frankfurt a. M. im Jahr 1998 eine qualitative Studie anhand von 100 deutschen Haushalten durchgeführt. Ausgehend von dieser Untersuchung, stellte Hoffmann 2000 die Frage, ob nachhaltiger Konsum nur für Reiche möglich sei. Diese beiden Studien werde ich in meinen Ausführungen besonders beachten.

Zuvor jedoch möchte ich einen kurzen Einblick in das Konzept der nachhaltigen Entwicklung geben und gehe dabei der Frage nach, wo wir uns heute – ökologisch betrachtet – befinden. Und welche positiven oder negativen Trends sich feststellen lassen.

2. Der Weg zu einer nachhaltigen Entwicklung

2.1 Momentaufnahme der heutigen ökologischen Situation

Angelangt im 21. Jahrhundert kann man von einer neuen Dimension der Beziehung zwischen Mensch und Natur sprechen. Immer deutlicher wird sichtbar, welche fatalen Auswirkungen das Handeln des Menschen auf die Umwelt hat, nicht nur vor der eigenen Haustür, sondern auch global. Hoffmann schreibt: „ An einem ganz normalen Tag auf dem Planeten Erde

- werden 200 km² Regenwald abgeholzt

- wird die Wüste um 120 km² größer

- sterben 40 Arten aus

- werden 1400 Tonnen FCKW und

- 60 Millionen Tonnen CO² freigesetzt

- wird die Atmosphäre wieder etwas wärmer"

(Hoffmann 2000 zit. nach Kleber 1996:2; OECD 1994).

Klar ist, dass dies nicht ohne Folgen für die Umwelt bleibt. Derzeit geht man von sechs Grundproblemen aus, die Resultat der Umweltverschmutzung sind:

(1)   Die globale Erwärmung der Atmosphäre durch die Freisetzung von Gasen;

(2)   Die Abnahme der schützenden Ozonschicht in der Stratosphäre;

(3)   Die wachsende Verschmutzung von Wasser und Böden durch Freisetzung und Abfluss industrieller und landwirtschaftlicher Abwässer und Abfallstoffe;

(4)   Die Verminderung der Waldflächen – vor allem in den Tropen – durch Rodung und Ausdehnung landwirtschaftlicher Flächen;

(5)   Der Schwund insbesondere frei lebender Tier- und Pflanzenarten durch die Vernichtung ihrer natürlichen Lebensräume;

(6)   Die Bodendegradierung in landwirtschaftlich genutzten und natürlichen
Lebensräumen, einschließlich Erosion, Auslaugung und Versalzung, die dazu
führen, dass der Boden keine Nahrung mehr produzieren kann

(Encarta Professional 2002).

Die Zerstörung der Umwelt durch den Menschen hat also – ganz besonders im
20. Jahrhundert – neue, gravierende Formen angenommen. Hierzu bemerkt
Petschel-Held:

„Seit dem Zweiten Weltkrieg greift die Menschheit in einer nie da gewesenen
Art und Weise in den globalen Naturhaushalt ein. Im Unterschied zu den
begrenzten Umweltfolgen traditionaler Gesellschaften bewirkt der Mensch in
der Moderne Veränderungen seiner natürlichen Umwelt, die nicht mehr nur in
seiner unmittelbaren Umgebung, sondern mit einer sehr viel größeren
räumlichen und zeitlichen Reichweite spürbar sind und zudem tief und
grundlegend in den globalen Haushalt eingreifen"

(Petschel-Held in Stiftung Entwicklung und Frieden 2001: 338).

Die Hauptverantwortung für den heutigen ökologischen Zustand der Erde kann
man ohne weiteres den Industrieländern zuschreiben: Sie sind es, die mit 20%
der Weltbevölkerung 80% der jährlich verbrauchten Ressourcen nutzen,
beispielsweise im Energie- und Stahlbereich (Hoffmann 2000 zit. nach
Neitzel/Held 1997:2). Die hohen Schadstoffemissionen sind auf eben diese
Länder zurückzuführen.

Abb.1: Umweltbelastungen im Vergleich (Hoffmann 2000)

(Quelle: Wuppertal Institut 1996:15)

2.2 Soziale Ursachen und Umweltverschmutzung

Groß diskutiert ist die Frage nach der Armut als Umweltproblem und damit zusammenhängend das Argument, dass Wirtschaftswachstum in den reichen Industrienationen wichtig sei, um Transferleistungen für Entwicklungshilfe in den armen Ländern der Dritten Welt zu leisten. Hierbei wird Armut in der Tat als ökologisches Risiko betrachtet: Um dem hungerbedingten Tod zu entgehen wird Raubbau an der Natur betrieben. Es besteht also ein Zusammenhang zwischen sozialer Situation und Umweltverschmutzung. Die Industrieländer bringen ihr Argument hervor: es sei wichtig, immer mehr produzieren zu können, um dieser Armut und damit dem Raubbau entgegenwirken zu können. Fraglich ist hierbei, auf welcher der beiden Seiten die Umweltbelastung höher ist und ob angesichts dessen dieses Argument tatsächlich gelten kann und damit gleichzeitig das Handeln der Industrieländer legitimiert werden darf. Hoffman antwortet hierauf wie folgt:

„Dass in den armen Ländern unter dem Druck der Armut Raubbau an der Natur betrieben wird, der mit höherem Entwicklungsstandart teilweise vermieden werden könnte, ist ökologisch gesehen nicht so gravierend, wie der übermäßige Ressourcenverbrauch und die Schadstoffemission durch die reichen Länder."

11

(Hoffmann 2002:14)

Armut ist also viel weniger ein Umweltproblem, als es der Reichtum der Industrienationen ist. Vor diesem Hintergrund stellt sich die Frage, ob es schlau ist, den Ländern der Dritten Welt unser industrialisiertes Entwicklungsmodell vorzuleben oder sogar zu empfehlen. Wohin werden wir gelangen, wenn sich alle Länder auf den Weg machen, eine Industrienation zu werden.

2.3 Maßnahmen zum Schutz der Umwelt

Mit dieser Frage setzten sich 1983 auch die Vereinten Nationen (UN) auseinander und beauftragten die norwegische Premierministerin Gro Harlem Brundtland eine unabhängige Kommission zusammenzustellen, auch bekannt als Brundtland-Kommission. Diese untersuchte, wie es möglich sein könnte, die Grundbedürfnisse einer rasant wachsenden Erdbevölkerung zu befriedigen, ohne kontinuierlich Raubbau an nicht erneuerbaren Ressourcen zu betreiben. Ziel war es, die „global agenda for change" vorzulegen, in der u.a. die ernsten Umwelt- und Entwicklungsprobleme neu bewertet wurden. In ihr skizzierte die Kommission zwei Zukunftsszenarien: Zum einen eine Zukunft, die lebens- und überlebensfähig ist und zum anderen eine Zukunft, die es nicht ist. In einem nächsten Schritt legte die Kommission ihre Ergebnisse 1992 auf der UN-Konferenz über Umwelt- und Entwicklungsfragen in Rio de Janeiro vor. An diesem Umweltgipfel nahmen 178 Regierungen teil, darunter 120 Staats- und Regierungschefs (Encarta Professional 2002). Ziel war es, einen gemeinsamen Weg zu finden, wie man die erklärten Absichten in ein gemeinsames Handeln umsetzen könne. Im Laufe der Untersuchungen ist ein Begriff immer weiter in den Vordergrund gerückt: der Begriff der „nachhaltigen Entwicklung" (engl. „sustainable development"). Er greift auf drei Ebenen – das Konzept der nachhaltigen Entwicklung lässt sich sowohl auf die Ökologie, als auch auf die Ökonomie und den sozialen Bereich beziehen.

„Die nachhaltige Entwicklung ist eine dauerhafte Entwicklung, in der die Bedürfnisse der heutigen Generationen befriedigt werden sollen, ohne die Bedürfnisse kommender Generationen zu gefährden"

(Hoffmann 2002:10 zit. nach Wuppertal-Institut 1996:24)

Auf der Umweltkonferenz in Rio de Janeiro wurde unter anderem die Agenda 21 unterzeichnet – ein Aktionsprogramm der UN über eine globale nachhaltige Entwicklung. Dennoch: von „Entwarnung" oder einem „Weg der Besserung" kann nicht die Rede sein. Biermann resümiert:

„Die derzeit geltenden internationalen Verhaltensstandards liegen meist unter dem, was Experten für notwendig halten, um die globale Umweltkrise in nachhaltige Bahnen zu lenken. Zudem mangelt es oft an der Umsetzung der internationalen Vereinbarungen".

(Biermann in Stiftung Entwicklung und Frieden 2001:313)

Grund dafür ist u.a. der Mangel an Sanktionsmöglichkeiten. Einzelne Nationen nutzen allzu oft ihre Möglichkeit, aus bereits geschlossenen Verträgen auszutreten oder nur in minimalen Ansätzen ihren Verpflichtungen nachzukommen. Resultat sind nationale Alleingänge mit denen globale Umweltprobleme nicht gelöst werden können.

3. Soziale Situation und nachhaltiger Konsum

3.1 Kleiner Exkurs „Konsum"

„Konsum ist ein ... Begriff, der sich auf Verbrauch und Nutzung von Gütern und Diensten vorwiegend durch Haushalte als Wirtschaftseinheit bezieht".

(Schäfers 1998:190)

Hoffmann weitet den Begriff aus und schreibt:

„Konsum umfasst den Erwerb, den Besitz, den Gebrauch und den Verbrauch von Gütern, Ressourcen und Dienstleistungen. Die Umweltrelevanz des Konsums ist dadurch gegeben, dass sich die Entnahme von Ressourcen aus dem natürlichen Stoffkreislauf und die Rückführung von Abfällen in die Umwelt direkt oder zumeist nachteilig auf das Ökosystem auswirkt."

(Hoffmann 2000:19)

Offensichtlich ist, dass die alten Bundesländer heute ein Wohlstandsniveau erreicht haben, dass auch trotz Langzeitarbeitslosigkeit so hoch ist wie nie zuvor. Dies eröffnet neue Möglichkeiten des Konsumierens. In den letzten 50 Jahren hat sich in der Bundesrepublik ein beträchtlichen Bedeutungswandel im Bereich des Konsums vollzogen: Immer wichtiger werden der Erlebniskauf, der symbolische Kauf, der kompensatorische Kauf oder der Kauf zum Ausdruck von Lebensstilen, quasi als Individualisierungsfaktoren. Im 20. und 21. Jahrhundert kommt dem Konsum mehr Bedeutung zu: Rosenberger geht in seiner These davon aus, dass das Verlangen nach Wohlstand und Konsum noch weiter steigen und sich verankern wird. Als Grund hierfür nennt er die Reaktion auf hektische Veränderungen und Widersprüche in Gesamtdeutschland, die zunehmend als „dunkle Bedrohung" aufgefasst werden (Rosenberger 1992:10). Konsum prägt somit das Leben zunehmend mehr und erlangt zentrale Bedeutung für das Selbstwertgefühl von Menschen und zur Orientierung in einer komplexer werdenden Umwelt.

Fazit: Mit einem Anstieg des Konsums ist also zu rechnen. Damit gewinnt der nachhaltige Konsum gravierend an Bedeutung.

3.2 Die Bedeutung der sozialen Situation für den nachhaltigen Konsum

3.2.1 Einleitend sei gesagt...

Wie eingangs erwähnt werde ich mich in diesem Abschnitt auf die Untersuchung des Institut für sozial-ökologische Forschung (ISOE) in Frankfurt a.M. aus dem Jahre 1998 mit dem Titel „Haushaltsexploration der Bedingungen, Möglichkeiten und Grenzen nachhaltiger Konsummuster" stützen, sowie auf die weitergehende Studie von Hoffmann „Nachhaltiger Konsum nur für Reiche?" (2000).

Im Mittelpunkt soll die – von Hoffmann formulierte – Frage stehen: Ist nachhaltiger Konsum nur für „Reiche" möglich? Untersucht wurde, ob Zusammenhänge zwischen der sozialen Situation, insbesondere dem Einkommen eines Haushaltes und der Nachhaltigkeit empirisch festzustellen sind. Anzufügen ist, dass beide Studien mit dem Konzept der Positionierung der Lebensstile im sozialen Raum von Pierre Bourdieu arbeiten. Diese „Nachhaltigkeits-orientierte Lebensstil-Typologisierung wurde bisher insbesondere für Teilbereiche des Konsums entwickelt, z.B. in Bezug auf Energie sparen, Mobilität oder ökologisches Bauen und Wohnen" (Empacher 2001). 1998 befasst sich erstmals das ISOE im Auftrag des Umweltbundesamtes mit der Typologisierung für nachhaltigen Konsum als Gesamtfeld.

3.2.2 Konkretisierung der Fragestellung

Ansatzpunkt Hoffmanns waren zwei Vermutungen:

1. Je höher das Wohlstandsniveau, desto höher, also desto weniger nachhaltig, ist der Konsum.

2. Zwischen Haushalten mit unterschiedlichem Wohlstandsniveau gibt es neben quantitativen auch qualitative Unterschiede im Konsumverhalten. Es lassen sich in armen und reichen Haushalten jeweils eigene, vom Einkommen abhängige Formen der Nachhaltigkeit identifizieren.

Die Gegenposition nimmt die sog. Luxusgut-These oder auch „Wohlstand-/ Postmaterialismusthese ein. In ihr wird davon ausgegangen, dass umweltgerechtes Verhalten mit konkreten monetären Kosten verbunden ist und somit nur Menschen mit höherem Einkommen in der Lage sind, nachhaltig zu Handeln. „Personen sind nur dann dazu bereit, sich mit Umweltproblematiken zu beschäftigen, wenn primäre Bedürfnisse bereits erfüllt sind. Bei schwieriger ökonomischer Lage sind postmaterialistische Werte, wie z.B. die Sicherung der Umwelt, von geringer Bedeutung" (Hoffmann 2000 zit. nach Luber/Scherer 1996).

Weiterer Ansatzpunkt sind die fünf Faktoren, die Bodenstein (Hoffmann 2000 zit. nach Bodenstein 1997) bei der Koppelung des Umweltverbrauchs an das Einkommen ausfindig macht:

1.   Die Einsparungsmöglichkeiten durch größere Haushalte;

2.   Steigende Konsumausgaben für immateriellen Konsum bei höherem Einkommen;

3.   Mit dem Konsum zunehmende Sparneigung;

4.   Mit dem Einkommen zunehmender Kauf von langlebigen Qualitätsprodukten und

5.   Vermehrter Kauf von ökologischen Produkten bei höherem Einkommen.

3.3.3 Strichprobe und Variablen

Die quotierte Stichprobe von 102 deutschen Haushalten wurde, wie bereits erwähnt, im Sommer 1998 vom ISOE gezogen, um eine qualitativ ausgerichtete Studie über Konsumtypen und Konsumstile vorzulegen. Auch Hoffmann bedient sich dieser Daten. Die Stichprobe erhebt keinen Anspruch auf Repräsentativität, weil erstens die Fallzahl zu niedrig ist und zweitens die Stichprobe durch Quotierung und nicht durch Zufallselemente gezogen wurde. Die Quotierung dient der bewussten Hervorhebung bestimmter Merkmale. Dennoch sei gesagt, dass die Quotierung allein keine Repräsentativität verhindert. „Durch diesen qualitativen Ansatz ist die Befragung zwar nicht repräsentativ, kann jedoch durch die präzise Auswahl der Haushalte (Quotierung) für sich in Anspruch nehmen, alle relevanten

Bevölkerungsgruppen berücksichtigt zu haben. Dies bedeutet auch, dass die Ergebnisse von Relevanz in Bezug auf die Gesamtbevölkerung sind" (Empacher 2001). Das ISOE legte sechs Quotierungskriterien fest:

1.   Die räumliche Verteilung in Ost- und Westdeutschland, wobei die neuen Bundesländer deutlich überrepräsentiert sind.

2.   Die Stadt-Land-Streuung.

3.   Bei der Geschlechterquote sind die Frauen stark vertreten 62:37, weil sich die befragten männlichen Haushaltsmitglieder oftmals als inkompetent erwiesen, die detaillierten Fragen zur Haushaltsführung zu beantworten.

4.   Die Haushaltsgröße mit einer großen Überrepräsentativität der Haushalte mit mehr als zwei Personen.

5.   Die Altersgruppen. Während die 30-45 Jährigen überrepräsentiert sind, ist die Gruppe der über 60 Jährigen unterbesetzt.

6.   Die Quotierung nach Beschäftigungsgruppen, wobei Hoffmann davon abrückt und die Indikatoren *Einkommen* und *Bildung* wählt, da sich beispielsweise unter den Hausfrauen viele Hochschulabsolventinnen finden lassen und er diese Eintaktung für exakter hält.

Die unabhängigen Variablen wurden wie folgt festgelegt:

1.   Zur Erfassung des *Einkommens* wurden Einkommensstufen von 1000 DM festgelegt. Bei der Berechnung des Nettoäquivalenzeinkommens wurden jeweils die Werte 1500 DM, 2500 DM usw. genutzt. Nur bei einem Einkommen bis 1000 DM wurde 800 DM als wahrscheinlicher angenommen und in der Kategorie „über 6000 DM" wurde mit 7000 DM gerechnet.

2.   Während das ISOE mit der *beruflichen Stellung* arbeitet, nutzt Hoffmann die *Bildung* als Indikator.

3.   Für die Variable *Lebensform* stehen fünf Ausprägungen zur Auswahl:

•   Alleinlebende

•   Paare

•   Alleinerziehende

- Paare mit einem Kind

- Paare mit mehreren Kindern

4.	Wenn Kinder zum befragten Haushalt gehörten, wurde die *Kinderzahl* vermerkt.

5.	Die Herkunft aus den *alten oder neuen Bundesländern*.

6.	Das *Geschlecht*.

7.	Und das *Alter*.

Im Bereich der abhängigen Variablen unterscheidet Hoffmann zwischen Positiven (+) und Negativen (-) Variablen. Als positiv gelten jene, bei denen durch mehr Geld mehr Nachhaltigkeit erreicht werden kann:

Bereich Ernährung	+ außer Haus essen + Produkte aus kontrolliert biologischem Anbau kaufen + Fairtrade-Produkte kaufen
Bereich Abfall	+ Recycling-Schreibpapier + Öko-Toilettenpapier + Öko-Taschentücher + umweltschonende Getränkeverpackungen
Bereich Energie	+ Energiesparlampen + Energiesparmaßnahmen

Bei Negativen Variablen (-) hingegen besteht ein umgekehrter Zusammenhang: wird der finanzielle Spielraum ausgenutzt, führt dies zu höherem Ressourcenverbrauch und damit zu geringerer Nachhaltigkeit:

Bereich Wohnen	- m^2 Wohnfläche pro Kopf -Stromverbrauch/Heizkosten/ Wasserverbrauch pro Kopf
Bereich Technik	- EDV/ Kommunikationstechnik
Bereich Waschen/ Reinigen	- Wäschetrockner vorhanden - Spülmaschine vorhanden - chemische Reinigung benutzen
Bereich Verkehr	- Verkehrsverhalten - gefahrene Kilometer - PS-Zahl - Urlaub

3.3.4 Ergebnisse

Untersucht wurde hinsichtlich des <u>Zusammenhanges zwischen sozialer Situation und Konsumverhalten</u>. Bei der unabhängigen Variable *Einkommen* wurde eine hohe Korrelation mit der Größe der Wohnung festgestellt. Bei höherem Einkommen ist eine größere Quadratmeterzahl pro Kopf (-) zu verzeichnen, des Weiteren mehr gefahrene Auto-Kilometer pro Kopf (-), eine höhere Anzahl der Schuhe (-), eine häufigere Benutzung einer chemischen Reinigung (-), höhere Heizkosten (-), häufigerer Urlaub an entfernten Orten (-) und stärker motorisierte Autos (-). Nur bei einer einzigen positiven Variablen – außer Haus essen – zeigt sich, dass sie mit höherem Einkommen steigt. Das Fazit lautet also: Hohes Einkommen wirkt sich in geringerer Nachhaltigkeit des Konsums aus.

Die Variable *Bildung* zeigt deutliche Zusammenhänge mit dem Essengehen (+) und der Technikausstattung (-). Die *berufliche Position*, sofern sie hoch ist, korreliert stark mit „neue Kleidung für Kinder" (-) und einer besseren Ausstattung mit technischen Geräten (-).

Bei der Untersuchung der Variablen *Lebensform* und *Kinderzahl* haben sich zwei Thesen bestätigt: a) Mit steigender Haushaltsgröße sind eher Wäschetrockner und Spülmaschinen vorhanden, weil ein großer Bedarf an

Arbeitsentlastung vorhanden ist. b) Bei größeren Haushalten sind erhebliche Einsparungspotentiale bei Flächen-, Wasser- und Energieverbrauch pro Kopf zu beobachten.

In Bezug auf den *Ost/ West-Vergleich* wurde herausgefunden, dass in Ostdeutschland weniger Recycling-Schreibpapier verwendet wird (-) und dort insgesamt mehr autoorientierte Verkehrstypen vertreten sind (-).

Das *Geschlecht* kann nur betrachtet werden, wenn Alleinlebende und Alleinerziehende isoliert betrachtet werden. Dabei wurde festgestellt, dass Frauen häufiger umweltfreundliche Getränkepackungen kaufen (+) und öfter Energiesparmaßnahmen durchführen (+) als Männer. Frauen sind sowohl auf der Einstellungs- wie auf der Verhaltensebene umweltfreundlicher als Männer, ganz besonders zeigt sich dies im Verkehrsverhalten. Die Unterschiede zwischen Einstellungs- und Verhaltensebene sind bei Männern größer als bei Frauen.

Bezüglich des *Alter*s lässt sich sagen, dass es positiv mit der Quadratmeterzahl pro Kopf korreliert (-) d.h. ältere Menschen haben tendenziell größere Wohnungen. Das kann damit erklärt werden, dass ältere Menschen – nachdem ihre Kinder ausgezogen sind – in der Wohnung bleiben und damit mehr Wohnraum zur Verfügung haben.

Mit Hilfe der <u>Regressionsanalyse</u> findet Hoffmann heraus, dass man nicht eindeutig sagen kann, welche Parameter der sozialen Situation welche Konsumbereiche bestimmen: Das Einkommen steht häufig an erster Stelle und insgesamt am häufigsten vertreten ist die Lebensform. Er betont: Im Bereich der positiven Variablen fällt auf, dass höheres Einkommen die Nachhaltigkeit sogar herabsetzt. So beispielweise bei den Kriterien „Öko-Toilettenpapier" und „Energiesparmaßnahmen" – hier wird die Möglichkeit des höheren Einkommens nicht ausgenutzt, sondern ins Gegenteil verkehrt. Bei allen negativen Variablen hingegen wirkt sich hohes Einkommen negativ auf die Nachhaltigkeit aus.

Aus den rund 100 befragten Haushalten hat das ISOE eine <u>Einteilung in zehn Konsumtypen</u> entwickelt, denen je fünf besonders typische Haushalte zugeordnet wurden. Die Typenbildung basiert auf zwei Dimensionen: 1. der sozialen Situation 2. den Orientierungen bezüglich des Konsums.

1.   Die durchorganisierten Ökofamilien

2.   Die kinderlosen Berufsorientierten

3.	Die jungen Desinteressierten

4.	Die Alltagskreativen

5.	Die Konsum-Genervten

6.	Die Ländlich-Traditionellen

7.	Die schlecht gestellten Überforderten

8.	Die unauffälligen Familien

9.	Die aktiven Senioren

10.	Die statusorientierten Privilegierten

Diese zehn Typen fassen sowohl das ISOE, als auch Hoffmann für die weitere Bearbeitung in vier Gruppen zusammen:

1.	Die Überforderten

2.	Die Ökologischen

3.	Die Traditionellen

4.	Die Privilegierten

Zum Konsumverhalten dieser vier Gruppen. Die *Überforderten* konsumieren fast überall dort, wo Nachhaltigkeit Geld kostet, von allen Gruppen am wenigsten nachhaltig. Hoffmann ordnet ihnen im „sozialen Raum" einen Standpunkt zu, an dem sie eine niedrige Bildung und niedriges Einkommen haben. Im Bereich Waschen/ Reinigen gibt es weniger Spülmaschinen und die chemische Reinigung wird fast nie benutzt, was mit dem niedrigen Einkommen erklärt werden kann. Die Urlaubsfahrten sind ressourcenschonend und die Technikausstattung gering. Der Bereich Wohnen kann als relativ nachhaltig angesehen werden.

Die *Ökologischen* zeigen den nachhaltigsten Konsum. Ihnen wird eine hohe Bildung und niedriges bis mittleres Einkommen zugeordnet. Trotz des geringen Einkommens wählen die Ökologischen viele teure und nachhaltige Konsumvarianten. Auch im Bereich der negativen Variablen konsumieren sie am nachhaltigsten. Besonders sparsam sind sie im Verkehrsbereich, bei der Kinderkleidung, beim Urlaub und beim Energie- und Wasserverbrauch. Aber sie haben häufiger eine Spülmaschine. Tendenziell hat diese Gruppe ein oder mehr Kinder.

Die *Traditionellen* haben sowohl mittlere Bildung, wie auch mittleres Einkommen. Sie befinden sich im Mittelfeld der Nachhaltigkeit. Der Stromverbrauch ist in dieser Gruppe am geringsten – in Teilbereichen sind die Traditionellen sogar sehr sparsam z.B. beim Wasser. Bei keinem Parameter zeigen sie einen besonders hohen Verbrauch. Sie liegen aber beim Verkehrstyp und beim Urlaub mit den Privilegierten an der Spitze.

Eine hohe Bildung und ein hohes Einkommen haben die *Privilegierten*. Sie zeigen bei allen negativen Variablen die geringste Nachhaltigkeit im Konsum. Die hier vorhandenen finanziellen Ressourcen führen ohne Ausnahme zu einem Mehrverbrauch und somit zu geringerer Nachhaltigkeit. Die positiven Variablen gleichen da nur wenig aus. Lediglich im Bereich Ernährung konsumieren die Privilegierten am nachhaltigsten.

3.3.5 Zusammenfassung

Zusammenfassend lässt sich sagen, dass die Studie des ISOE und die von Hoffmann gezeigt haben, dass die Nachhaltigkeit des Konsums mit steigendem Einkommen abnimmt. Die Privilegierten konsumieren an wenigsten nachhaltig und die Ökologischen, obwohl an vorletzter Stelle im Einkommen, sind die Nachhaltigsten. Dies hängt wohl mit ihrer hohen Bildung zusammen – natürlich im Zusammenspiel mit ihrem Einkommen. Der Luxusgut-These wird also nicht grundsätzlich widersprochen, da Bildung tatsächlich einen positiven Einfluss auf die Nachhaltigkeit ausübt.

Das Einkommen muss aber als deutlich stärkerer Faktor angesehen werden, der den positiven Einfluss höherer Bildung überkompensiert. Die hohen finanziellen Mittel werden oftmals genutzt, um im Bereich der negativen Variablen zu konsumieren, also im Bereich Wohnen, Urlaub und Auto. Die großen Unterschiede im Konsum kommen eher durch den unfreiwilligen Verzicht der Ärmeren zustande. Ein wichtiger Faktor im Konsumverhalten ist auch die Lebensform: der Pro-Kopf-Verbrauch sinkt, wenn die Personenzahl steigt. Als Fazit stellt Hoffmann fest: Obwohl hohes Einkommen den Spielraum für umweltorientiertes Verhalten erhöht, ist materieller Wohlstand tatsächlich das größte Hindernis für nachhaltigen Konsum. Somit kann der Luxusgut-These hinsichtlich des Faktors Einkommen klar und deutlich widersprochen werden. Führt man dieses Ergebnis fort von der nationalen auf die globale Ebene, stellt Hoffmann zu recht fest: „Sowohl für die nationale als auch für die globale Ebene gilt, dass die gemeinsame Lösung des sozialen und des ökologischen Problems unmöglich ist, wenn das soziale Problem dadurch gelöst wird, dass die Armen sich lediglich dem Niveau der Reichen annähern. Das würde ein weiteres Anwachsen des Ressourcenverbrauchs bedeuten und eine nachhaltige Entwicklung verhindern" (Hoffmann 2000:118). Die logische Konsequenz sieht er in einer Mäßigung des Wohlstandes der Reichen. Meiner Meinung nach ist diese Forderung jedoch mit einer Utopie gleichzusetzen.

4. Literaturverzeichnis

Diekmann, Andreas *Empirische Sozialforschung*, Reinbek bei Hamburg 2000.

Ders./ Preisendörfer, Peter *Umweltsoziologie, Eine Einführung*, Reinbek bei Hamburg 2001.

Encarta Professional 2002.

Empacher, Claudia *Zielgruppenspezifische Potentiale und Barrieren für nachhaltigen Konsum*, auf www.isoe.de

Hoffmann, Rasmus *Nachhaltiger Konsum nur für Reiche?*2000 (unveröffentlicht).

Preisendörfer, Peter *Umwelteinstellungen und Umweltverhalten in Deutschland*, Opladen 1999.

Ders. *Soziologie und Ökologie I Grundlagen und Problemstellungen der Umweltsoziologie*, Rostock 1997.

Rosenberger, Günther (Hg.) *Konsum 2000*, Frankfurt a.M. 1992.

Schäfers, Bernhard (Hg.) *Grundbegriffe der Soziologie*, Opladen 1998.

Stiftung Entwicklung und Frieden *Globale Trends 2002*, Frankfurt a.M. 2001.

Stoltenberg, Ute/ Eriuccio, Nora *Lokale Agenda 21*, Frankfurt a.M. 2000.

Treibel, Annette *Einführung in soziologische Theorien der Gegenwart*, Opladen 1997.

Wenke, Martin *Konsumstruktur, Umweltbewusstsein und Umweltpolitik*, Berlin 1993

Daniel Fedders

Nachhaltiger Konsum.

Akteure, Mittel und Aussichten

2007

1. Vorbemerkung

Diese Seminararbeit soll das Thema Umweltschutz auf nationaler Ebene betrachten. Es sollen hauptsächlich die Chancen und Möglichkeiten erläutert werden, die das letzte „Glied" der möglichen Akteure hat: Die privaten Haushalte bzw. der einzelne Konsument.

Hierbei muss neben Verhaltensweisen, die der Bürger bewusst oder unbewusst tätigt, um Umweltproblemen verschiedenster Art entgegen zu wirken und denen, die der Staat durch Instrumente erst „aktiviert", unterschieden werden.

Anschließend wird der Begriff des Nachhaltigen Konsums den privaten Konsumenten als Akteur und Zielgruppe im Feld der Umweltpolitik und des Umweltschutzes einführen.

Nach einer Einführung in das Feld der Umweltpolitik soll die Rolle des Nationalstaates, in diesem Fall der Bundesrepublik Deutschland, näher betrachtet werden.

Als Akteur neben Staat und privaten Haushalten werden am Ende der Ausführungen auch die Unternehmen als Anbieterseite bzw. Pendant im Prozess des Konsums kurz betrachtet und deren Möglichkeiten und Verhaltensweisen untersucht.

Als Literatur zur Erstellung dieser Arbeit dienen neben weiteren Titeln unter anderem das Heft „Verbraucherpolitik und Nachhaltigkeit" aus der Reihe „Aus Politik und Zeitgeschichte" der Bundeszentrale für Politische Bildung, der Titel „Ökonomische Bildung" von May, die Ergebnisse der Bevölkerungsumfrage des BMU zum Thema Umweltbewusstsein aus dem Jahr 2006, sowie der Titel „Umweltpolitik" von Jänicke, Kunig und Stitzel

.

2. Einleitung

In der Agenda 21, die 1992 auf dem „Erdgipfel" der Vereinten Nationen in Rio de Janeiro von den Teilnehmerstaaten unterzeichnet wurde, wurde unter anderem festgestellt, dass in „der Förderung von Verbrauchs- und Produktionsmustern, die zu einer Verringerung von Umweltbelastungen und zur Befriedigung der menschlichen Grundbedürfnisse führen; der Vertiefung des Einblicks in die Rolle des Konsumverhaltens und die Klärung der Frage, wie sich nachhaltige Verbrauchsgewohnheiten entwickeln lassen"[1] Handlungsbedarf besteht.

In dieser Aussage wird zweierlei deutlich: Zum einen die wichtige und gewichtige Rolle der Konsumenten in Bezug auf den Umweltschutz, zum andern jedoch auch die Bedeutung der Nationalstaaten in diesem Zusammenhang. Erscheint der einzelne Bürger in seinen Kaufentscheidungen und Verhaltensweisen in Bezug auf die gegebenen Umweltressourcen als kleines, übertrieben gesagt, belangloses Glied in der Kette der Umweltakteure, so lässt die Masse an Konsumenten und somit Konsumentscheidungen und Verhaltensweisen (in der Bundesrepublik immerhin knapp 80 Millionen Menschen) die Bedeutung dieser Gruppe erheblich anwachsen. Deswegen erscheint es unumgänglich, die Lösung für die aktuellen und zwangsläufig auch zukünftigen Umweltprobleme nicht nur auf staatlicher und unternehmerischer Seite, sondern eben auch auf der Ebene der privaten Konsumenten zu suchen. Der Themenbereich Umweltpolitik ist, das macht die Aussage in der Agenda 21 recht deutlich, nicht nur eine Frage staatlichen und unternehmerischen Agierens und Reagierens.

---

[1] Konferenz der Vereinten Nationen für Umwelt und Entwicklung; 1992

3. Der Konsument: Homo oeconomicus vs. Umweltbewusstsein?

3.1 Das Umweltverhalten von Konsumenten

„Menschliches Verhalten wird durch Präferenzen und Restriktionen gesteuert, und die Menschen sind bestrebt, durch ihre Handlungsentscheidungen Belohnung, Zufriedenheit oder Lust zu erreichen. Akteure wählen dabei diejenige Verhaltensweise, welche die günstigste Differenz zwischen dem Nutzen einer Handlung und den damit verbunden Kosten nach sich zieht."[2] Diese These über das allgemeine Handeln von Menschen kann letztlich auch auf das Verhalten von Konsumenten und darüber hinaus auf deren Verhältnis zu Umweltschutzbelangen übertragen werden. Diekmann und Preisendörfer beschreiben in ihrer „Low-Cost- These" genau jenen Effekt, den Braun und Franzen in ihren Ausführungen allgemein formulieren:

Der Grundgedanke der „Low-Cost-These" des Umweltverhaltens von Konsumenten ist, dass Umwelteinstellungen das Umweltverhalten am ehesten und bevorzugt in Situationen beeinflussen, die mit geringen Kosten bzw. Verhaltensanforderungen verknüpft sind. Je geringer der Kostendruck in einer Situation, desto leichter fällt es den Akteuren (hier: den Konsumenten und privaten Haushalten), ihre Umwelteinstellungen auch in ein entsprechendes Verhalten umzusetzen. Umgekehrt sinkt die Bedeutung von Einstellungen, wenn eine Situation größere Verhaltenszumutungen in sich birgt.[3]

Grundsätzlich ist dem Bürger, der so denkt und handelt, kein Vorwurf zu machen, beschreibt doch schon die Theorie den Homo oeconomicus als „Normaltypen" des Menschen. Rationalität und Maximierung des eigenen Nutzens liegen schon nach Smith im Wesen des Menschen und müssen auch bei der Beurteilung des Umweltverhaltens berücksichtigt werden.

---

[2] Braun und Franzen, 1995, S. 261
[3] Kukartz nach Diekmann und Preisendörfer, 2001

3.2 Die Umweltprobleme als Folge rationalen Handelns: Der Homo oeconomicus im Konsumenten

Die Wirtschaftstheorie bezeichnet weiterhin weite Teile der Umwelt als öffentliches Gut. Solch ein quasi kostenloses Kollektivgut verführt die Nutzer fast zwangsläufig dazu, es größtmöglich zu nutzen, weil entsprechende Gegenleistungen in den meisten Fällen nicht zu erbringen sind. Auch diese Annahme bestätigt den Homo oeconomicus im Konsumenten. Das Problem hierbei ist jedoch, dass eine solche größtmögliche Nutzung der Ressource Umwelt eine extreme Belastung für diese bedeutet, deren negative Auswirkungen wiederum selten vom einzelnen Individuum, sondern von der Gemeinschaft getragen werden müssen.

Es lässt sich folgern, dass gerade dieses rationale eigennützige Handeln in Bezug auf die Umwelt und deren Ressourcen ein wichtiger Grund für viele Umweltfragen ist. Kuckartz führt seinerseits weitere mögliche Ursachen für ein „nicht umweltgerechtes Verhalten" vieler Menschen auf[4]:

Das Umweltverhalten wird allzu oft in den Lebensstil der Individuen eingebettet, ohne Rücksicht auf mögliche Auswirkungen zu nehmen. Im Umkehrschluss wäre es also eine Einengung des eigenen Lebensstils, bestimmte Verhaltensweisen einzuschränken oder auf sie zu verzichten. Darüber hinaus ist der Lebensstil in unserer Gesellschaft auch an bestimmte Annehmlichkeiten geknüpft, die entweder aus Gewohnheit oder persönlicher Notwendigkeit nicht wegzudenken sind.

Das Schlagwort Gewohnheit kann zudem auch konkret auf das Konsumverhalten der Menschen bezogen werden: Zufriedenheit mit den Leistungen bestimmter Produkte und Dienstleistungen lässt oft die Suche nach Alternativen, die unter Umständen weniger Umweltbelastung bei vergleichbarer Leistung und Qualität ermöglichen, in den Hintergrund treten.

Als letzter Punkt in der Darstellung heutiger Konsumentenverhaltensweisen soll ein Phänomen genannt werden, welches in der modernen Zeit immer mehr an Bedeutung gewinnt.

---

[4] Kuckartz, 2005, S.6

Die Suche nach persönlicher Entfaltung und Wahrung persönlicher Interessen lässt den Verbraucher allzu oft an Normen und vernünftigen Handlungen verzweifeln. So stellt es ein Dilemma dar, eigene Vorstellungen und Verhaltensweisen zu Gunsten der Umwelt in den Hintergrund zu stellen, wenn dadurch andere unter Umständen Vorteile hätten, weil sie eben diese Normen nicht beachten.

3.3 Nachhaltiger Konsum- Eine Definition

Spangenberg und Lorek betonen in ihrer Definition von nachhaltigem Konsum, dass dieser über die reine Umweltverträglichkeit hinaus geht[5]. Vielmehr muss diese Art der Nachhaltigkeit um jeweils eine soziale, eine ökonomische und eine institutionelle Dimension erweitert werden. Das Ziel, eine nachhaltige Entwicklung einer Gesellschaft, bzw. global gesehen, der Menschheit, muss mindestens diese vier Dimensionen der Nachhaltigkeit beachten.

Alle Aspekte zu betrachten, würde den Rahmen dieser Arbeit überschreiten, deshalb soll hier die ökologische Dimension weiterhin in vorderster Betrachtung stehen.

---

[5] Spangenberg; Lorek, 2001, S.23

4. Umweltbewusstsein: Vom Individuum erkannt oder staatlich vermittelt?

4.1 Definition von Umweltbewusstsein

Ende 1971 richtete der damals auch für Umweltfragen zuständige Bundesinnenminister ein Gremium ein, das sich periodisch mit der Begutachtung der Umweltsituation und deren Entwicklungstendenzen in Deutschland befassen sollte. Dieser Rat von Sachverständigen für Umweltfragen definierte im Jahr 1978 den Begriff Umweltbewusstsein als „Einsichten in die Gefährdungen der natürlichen Lebensgrundlagen des Menschen durch diesen selbst" und als „Bereitschaft zur Abhilfe"[6]

4.2 Widersprüche bei Umweltbewusstsein und -verhalten

Betrachtet man die oben aufgeführte Definition, so wird auch die Zweiteilung des Umweltbewusstseins deutlich: Zum einen die Erkenntnis, zum anderen die Handlungsbereitschaft. Ergänzend wären unter Umständen noch die Möglichkeiten bzw. die Mittel und der Spielraum für ein Handeln als Variable zu erwähnen.

In Bezug auf die Erkenntnis um die Umweltproblematik und die damit verbundenen notwendigen Verhaltensänderungen zeigt eine Bevölkerungsumfrage des Bundesministeriums für Umwelt, Naturschutz und Reaktorsicherheit zum Thema Umweltbewusstsein ein ähnliches Bild, nämlich die mangelnde Korrelation zwischen Umweltbewusstsein und Umweltverhalten:

Als Beispiel wird in einer Teilumfrage nach der Ernährung mit Bio-Lebensmitteln gefragt[7]: für 62% der Befragten spielt die Herkunft der Lebensmittel und somit auch die Art der Herstellung nur eine geringe bis gar keine Rolle. Der Erhalt der „Landschaftliche(n) Schönheit und Eigenart unserer

---

[6] Kuckartz, 2005, S.5

[7] BMU, 2006, S.39

Heimat" wird jedoch von 93% der Befragten befürwortet.[8] Überspitzt zusammengefasst bedeutet dies: Ein durch Überdüngung und die Züchtung von Monokulturen zerstörtes Land würde die meisten Konsumenten stören, durch die bewusste Ernährung mit Bio- Lebensmitteln, die umwelt- und ressourcenschonend angebaut und hergestellt werden, trägt aber ein Großteil nicht zum Erhalt der Landschaft bei. Auf die Frage, wie der persönliche Beitrag für den Umweltschutz aussieht, wird lediglich von 13% ein umweltfreundliches Konsumverhalten angegeben.[9] Die meiste Aktivität hinsichtlich des Umweltverhaltens kann im Bereich der Mülltrennung und -vermeidung beobachten werden (ca. 65%).[10]

4.3 Gründe für mangelndes Umweltbewusstsein und Umweltverhalten

Nach den Beobachtungen des BMU sind die Aussagen in Bezug auf Umweltfragen hauptsächlich von der Altersgruppe, dem Bildungsstand (nur bezogen auf Schulabschlüsse) und dem sozialen Umfeld abhängig. Aufgeschlüsselt lässt sich grob feststellen: Die Bevölkerung unter 30 und über 70 scheint durchschnittlich weniger engagiert. Je höher die Schulbildung und das Einkommen, desto mehr nimmt beispielsweise das Interesse für Bio-Produkte zu.

Es sei betont, dass solche Verallgemeinerungen nur Tendenzen, keinesfalls jedoch vollendete Fakten darstellen können und als Mittel genutzt werden sollten, Maßnahmen, die im Folgenden angesprochen werden, gezielter zu platzieren.

---

[8] BMU, 2006, S.18

[9] BMU, 2006, S.64.

[10] Siehe ebenda.

5. Die Rolle des Staates

In den folgenden Abschnitten soll beschrieben werden, auf welche Art der Staat die im vorherigen Kapitel aufgeführten Defizite im Konsumverhalten der Bürger, bezogen auf das Umweltverhalten, zu verringern oder zumindest zu schmälern versucht.

5.1 Demokratie als Umweltschutzbremse?

Im demokratischen System der Bundesrepublik Deutschland mit seinem marktwirtschaftlich orientierten Wirtschaftssystem ist es im Grundsatz jedem Bürger erlaubt, Konsumentscheidungen frei zu treffen, es herrscht Konsumfreiheit bzw. Konsumsouveränität seitens der Bürger.[11]

Wenn der Geldbeutel und das Gewissen es zulassen, so kann ein Konsument beispielsweise Fahrzeuge erwerben, deren Kraftstoffverbrauch aus der Sicht eines Umweltschützers abnorme und unangemessene Werte erreicht.

Ebenso ist der Verbrauch von Ressourcen in Form von Wasser, Strom und wärmeerzeugenden Brennstoffen letztlich nur von der Fähigkeit des Verbrauchers beschränkt, diese auch bezahlen zu können.

Der Widerspruch wird deutlich: Es erscheint zunächst schwierig, einen nachhaltigen Konsum von staatlicher Ebene aus zu oktroyieren, sind doch die Bürger in ihren Entscheidungen, was den Konsum angeht, vom Grundsatz her frei.

---

[11] May,1995, S. 89

5.2 Konstellation der Akteure in der Umweltpolitik

Jänicke und Weidner teilen die Umweltpolitik zunächst in vier Etappen ein[12]:

•   In der Phase der „Verteilung" von 1969 bis 1973 ergriff der Staat die Initiative und die Industrie setzte die grundlegenden Gesetzesvorgaben, welche sich vornehmlich mit der Schadstoffumverteilung (nicht Verminderung!) beschäftigten, als eher passiver Akteur um.

•   In der zweiten Phase bis 1982 handelte der Staat immer öfter auf Drängen von Bürgerinitiativen und Umweltschutzverbänden und gab Richtlinien an die Industrien weiter.

•   Die dritte Phase weist von 1983 bis 1987 ein neues Phänomen auf: Die wachsende Zahl von Umweltbewegungen, die sich vor allem mit der Gründung der Partei „Die Grünen" auf immer weitere Gesellschaftsschichten ausbreiteten, richteten sich mit ihren Forderungen nach Umweltschutz nicht mehr nur an den Staat, sondern auch direkt an die verursachenden Unternehmen.

•   Die Bildung neuer Netzwerke und verstärkte Dialoge zwischen den Akteuren prägte die Jahre von 1988 bis 1994.

•   Bis 1998 und auch darüber hinaus konstatiert Jänicke in der Umweltpolitik keine wesentliche Änderung der Akteurskonstellation[13], von einer wesentlichen Erweiterung wird gar nicht gesprochen.

Doch gerade eine solche Erweiterung wäre für das Ziel einer in Bezug auf Umweltfragen verantwortungsvollen Konsumgesellschaft unverzichtbar: Die Konsumenten werden als Akteur noch nicht neben Staat, Unternehmen und Umweltverbänden aufgeführt.

---

[12] Jänicke,Kunig, Stitzel; 2003; S.35

[13] Jänicke,Kunig, Stitzel; 2003; S.36

5.3 Umweltpolitische Instrumente des Staates

5.3.1 Über die Konsumfreiheit zum nachhaltigen Konsum

Probleme, die mit dem Konsumverhalten unserer Gesellschaft einhergehen, gibt es in verschiedenen Bereichen[14]. So ergeben sich gesundheitliche Nachteile bei der unkontrollierten Inanspruchnahme des übermäßigen Nahrungsmittelangebots.

Die zunehmende Finanzierung von Gütern in fast allen Konsumbereichen durch Kredite lässt viele Haushalte und Konsumenten in die private Insolvenz abdriften. Eine Umweltproblematik ergibt sich durch wiederum verschiedene Aspekte im Verbraucherverhalten. Autos werden selbst für kürzeste Wegstrecken in Gang gesetzt, Verpackungen werden von der Industrie nicht mehr als bloße Schutzmaßnahmen, sondern immer mehr als Imagefaktor angesehen und führen so zu einem erhöhten Müllaufkommen. Die Nutzungsdauer der Güter sinkt im Schnitt immer mehr, zum einen aufgrund sinkender Qualitätsansprüche und einem schnell fortschreitenden technischen Fortschritt, zum anderen aber auch durch schlichtes Mode- und Trendbewusstsein der Verbraucher, welches nicht selten allein durch die produzierende Industrie geschürt wird. May weist darauf hin, dass man bezüglich des Konsumzwangs auch von einer „individuellen Determiniertheit, beschränktem Konsumbudget, sozialem Eingegliedertsein [...]“[15] ausgehen muss, jedoch dennoch weiterhin Entscheidungsspielräume bestehen.

Gerade die Steuerung von Konsumenten lässt die These der Konsumentensouveränität in einem anderen Licht erscheinen. Die Frage, wer wen im Konsumverhalten steuert, scheint berechtigt. Sind es die Verbraucher, die mit ihren Kaufentscheidungen über den Erfolg oder Misserfolg und so letztlich auch über das Angebot der Industrie entscheiden oder sind es die Unternehmen, die den Verbraucher unter anderem durch ihre Marktstrategien so zu steuern wissen, dass dieser in seinem Konsumverhalten ihren Vorstellungen folgt?

---

[14] May; 1995; S.102

[15] May; 1995; S.117

Um eine weitgehende Konsumfreiheit aufrecht zu erhalten, nutzt der Staat verschiedene Mittel: Er erlässt Schutzregelungen, die bestimmte Rechtsverhältnisse in Bezug auf Gesundheit, Ernährung und Umwelt festlegen. Eine zweite Möglichkeit ist, die Kenntnis der Konsumenten über Produkte durch die Förderung unabhängiger Verbraucherberater zu unterstützen. Eine dritte Möglichkeit ist, an Schulen, aber auch im Bereich der Erwachsenenbildung für Bildungsmaßnahmen im Bereich Konsum und Verbraucherverhalten zu sorgen.[16]

Instrumentengruppe	Instrumente	Grad der staatl. Verhaltensdeterminierung
Ordnungsrechtliche Instrumente	• Ge- und Verbote • Genehmigungen • Grenzwertsetzung • Produktstandards	Hoch
Planerische Instrumente	• Raumordnungspläne • Bauleitpläne • Abfallwirtschaftspläne	Hoch bis mittel
Marktwirtschaftliche Instrumente	• Umweltsteuern • Umweltabgaben • Subventionen • Benutzervorteile	Mittel
Kooperation	• Verhandlungen • Netzwerkbildung • Abkommen • Selbstverpflichtungen	Mittel bis niedrig
Information	• Information und Aufklärung durch staatliche Institutionen • Standardisiere private Berichtsformen • Umweltzeichen • Umweltbildung	Niedrig

Tabelle 1: Systematisierung wichtiger umweltpolitischer Instrumente; Quelle: Jänicke,Kunig, Stitzel; 2003; S.101

---

[16] May; 1995; S.104.

Die Systematisierung nach Instrumentengruppen in Tabelle 1 macht es möglich, die Instrumente, die dem Staat zur Verfügung stehen, mit dem Thema Konsumverhaltensänderung in Verbindung zu bringen. Es fällt auf, dass vor allem die Instrumentengruppe „Information" Mittel beinhaltet, die sich für das Streben nach nachhaltigem Konsum verwenden lassen, wenn die Konsumsouveränität der Bürger nicht über Gebühr belastet werden soll. Der Staat hat mit seinem „Monopol legitimen Zwanges"[17] den meisten Akteuren, vornehmlich der Industrie und dem Gewerbe im Zusammenhang mit Umweltbelastungen in ihrem Handeln Schranken gesetzt. Im Gegensatz würde man durch Ge- und Verbote im Bereich des Konsums zwar eine höhere Wirkung erreichen können, jedoch wäre der Grad der staatlichen Verhaltensdeterminierung sehr hoch und die Frage, ob und inwiefern es sich bei diesen Verhaltensänderungen noch um eine Annäherung von Umweltbewusstsein und Umweltverhalten der Konsumenten handeln würde, müsste wohl mit „sehr gering" beantwortet werden.

Staatliche Aufklärung in Umweltfragen, sowie Umweltzeichen stellen für den Konsumenten eine „Erleichterung" dar, sein vorhandenes Umweltbewusstsein mit einem entsprechenden Konsumverhalten zu verbinden, ohne dass er sich von staatlicher Seite gezwungen fühlen muss. Es lässt sich also als These feststellen, dass wirkliche Konsumfreiheit eine unerlässliche Voraussetzung für ökologisch nachhaltigen Konsum in unserem demokratischen System ist.

5.3.2 Verbraucherinformation über die staatliche Ebene hinaus

Den Kernbereich der Verbraucherinformationspolitik bilden Informationen über Produkte und Dienstleistungen, die marktvermittelt angeboten werden. Dem Konsumenten sollen über die Eigenschaften des Leistungsangebotes so viele Informationen zur Verfügung stehen, dass er bedürfnisadäquate Kaufentscheidungen treffen bzw. mit seinem Konsum gesellschaftspolitische Verantwortung übernehmen kann. Diese Aufgabe gestaltet sich in dem Maße

---

[17] Jänicke; 2005; S.52

schwieriger, wie die angebotenen Leistungen und Informationen vielfältiger und dynamischer werden. Die zentrale Frage der Verbraucherinformation stellt sich in diesem Bereich hinsichtlich der Auswahl bedürfnisrelevanter Informationen. Diese betreffen die Sicherstellung von gesundheitlichen, sicherheitsorientierten und ökonomischen Interessen des Verbrauchers. Im Rahmen des sozial-ökologisch bzw. gesellschaftspolitisch verantwortlichen Konsums kommen auch Informationen über die sozialen und ökologischen Folgen des Leistungsangebots hinzu.

Als erschwerend für die Verbraucherinformation stellt sich die Differenzierung von Vertriebskanälen heraus, nämlich einerseits Tendenzen einer zunehmenden Macht des Handels, mit der eine autonome Marktebene geschaffen wird, in der die Händler Qualitäten und Preise unter ihren sehr differenzierten Handlungsbedingungen äußerst unterschiedlich gestalten, und andererseits die Verbreitung von online Vertriebswegen im Internet.

Es lässt sich feststellen, dass im Verlauf der letzten beiden Jahrzehnte die Märkte in Bezug auf Angebotsqualität, Kommunikation, Vertrieb und Preisgestaltung bedeutend dynamischer geworden sind. Dies erschwert die Umsetzung verbraucherpolitischer Informationsziele erheblich und erfordert von der Verbraucherinformationspolitik ihrerseits Differenzierung und Flexibilisierung.

Die Verbraucherinformationspolitik setzt im Grundsatz auf der Anbieterseite an. Es wird ein Rechtsrahmen geschaffen, mit dem die Informationspflichten für die Anbieter festgelegt werden (z.B. die Kennzeichnung über die Herkunft von Lebensmitteln).

Zudem schafft der Staat Anreize zur Förderung und Unterstützung verbraucherpolitisch wünschenswerter Informationsaktivitäten der Anbieter. Verbraucherorganisationen als schwerpunktmäßig mit Verbraucherinteressen beschäftigte Institutionen und staatliche verbraucherpolitische Einrichtungen versehen den Verbraucher mit Informationen, die sonst nicht am Markt in der gewünschten Qualität erhältlich sind.

Es handelt sich hier um ergänzende Informationen oder um Gegeninformationen. Die Rolle des Staates hängt hier von dem Status der Verbraucherinstitutionen ab, der sich von staatlich unabhängigen

Basisorganisationen (Verbraucherinitiative) über staatlich voll-oder teilfinanzierte Fremdorganisationen mit staatlicher Aufsicht (Verbraucherzentralen, Stiftung Warentest) bis hin zu Behörden erstreckt.

Der Verbraucher erhält aber auch aus verschiedenen anderen Quellen nützliche Informationen. Dazu gehören Informationen von verschiedenen gesellschaftlichen Gruppierungen (z.B. „non-governmental organizations"), die zwar nicht hauptamtlich verbraucherpolitische Themen bearbeiten, jedoch mit ihrer Tätigkeit diese streifen und ergänzen, wie die Umweltorganisation Greenpeace, die beispielsweise Lebensmitteltests in Supermarktketten durchführt.

Informationen über Konsumfragen geben sich die Verbraucher auch untereinander. Diese „Mundwerbung" hat mit der Verbreitung der Internetkommunikation stark an Bedeutung gewonnen, weil im Rahmen verschiedener Internetangebote, wie Diskussionsforen, „Chatrooms" usw. eine massenhafte interaktive Kommunikation zwischen Konsumenten stattfindet.

6. „Sustainable Development" – Unternehmen als Akteure im Umweltschutz

Nachdem die Konsumenten und der Staat in den vorherigen Abschnitten als Akteure im Streben nach Umweltschutz, bzw. einer vorausschauenden, verantwortungsvollen und nachhaltigen Entwicklung („Sustainable Development") angesprochen wurden, sollen nun die Unternehmen als Anbieterseite im Konsumprozess betrachtet werden.

6.1 Handlungsdruck von verschiedenen Seiten

Nach dem Modell von Jänicke und Weidner stehen die Industrie als produzierende und die Unternehmen als anbietende Seite in der Akteurskonstellation eingebunden neben dem Staat und den Umweltverbänden. Darüber hinaus wird die These vertreten, dass die konsumbedingten Umweltprobleme nur in einem „Zusammenspiel zwischen Konsumenten, Handel und Herstellern"[18] gelöst werden können. Ein Handlungsdruck für ein Umweltmanagement auf der Anbieterseite kommt von verschiedenen Seiten.

Zum einen übt der Staat über ordnungsrechtliche Instrumente[19] Druck auf die Unternehmen aus. Auch wenn May kurzsichtiges Agieren in der Umweltpolitik bemängelt und den mangelnden Gemeinsinn bzw. eine nicht vorhandene Umweltmoral seitens der Unternehmen beklagt[20], sind die bisher eingesetzten Instrumente zumindest aus technologischer Sicht (Schadstoffminderung; Steigerung der Energieeffizienz etc.) als Teilerfolg zu werten.

Zum anderen sind es die Kunden bzw. Konsumenten, die mit ihrer Nachfragegestaltung ein Umweltmanagement in Unternehmen bewirken können.

---

[18] Meffert, Kirchgeorg; 1998; S.441

[19] Siehe Tabelle 1

[20] May; 1995; S. 521

Der dritte Faktor in marktwirtschaftlich ausgerichteten Betrieben ist das Streben nach Gewinnmaximierung bzw. dem Bestehen am Markt. Scheint dieser Aspekt zunächst im Widerspruch zu einem marktorientierten Umweltmanagement zu stehen, so stellen Meffert und Kirchgeorg in ihren Ausführungen fest, dass „echte Umweltinnovationen für den Hersteller in der Regel auch Wettbewerbsvorteile dar(stellen)".[21]

6.2 Auswirkungen auf Unternehmensentscheidungen

Investitionen in den Umweltschutz bzw. ökologisch vorteilhafte Strategien im Unternehmen zahlen sich bei entsprechender Kundennachfrage, staatlich geschaffenen ökonomischen Anreizen (Subventionen, Steuererleichterungen etc.), sowie technologischen Vorteilen zum Beispiel im Bereich der Ressourcennutzung (Energiepreise) aus.

Das Streben nach einer Umweltstrategie, die die gesamte Wertschöpfungskette miteinbezieht, stellt nach Ansicht Mefferts und Kirchgeorgs einen modernen umweltorientierten Unternehmensgrundsatz dar.[22] Das Konzept der Produktbetrachtung „von der Wiege bis zur Wiege"[23] zeigt deutlich die Konzentration der Unternehmen von der Rohstoffbeschaffung über den Herstellungsprozess, den Vertrieb und nach der Nutzung durch den Verbraucher hin zur Entsorgung bzw. Wiederverwertbarkeit ihrer Produkte.

Auch im direkten Kontakt zwischen Unternehmen und Verbraucher kann ein ökologisch nachhaltiger Konsum erreicht werden, gehört doch die Kundenbetreuung mit Beratung, Unterstützung bei der Nutzung des Produkts und Informationsleistungen über eventuelle Produktinnovationen ebenso zum Prozess des Konsumierens.

---

[21] Meffert, Kirchgeorg; 1998; S.444

[22] Meffert, Kirchgeorg; 1998; S.444.

[23] Siehe ebenda.

7. Fazit

Betrachtet man die Rahmenbedingungen, unter denen Konsumentscheidungen stattfinden, so gehören dazu „politische Rahmensetzungen, Preise, verfügbare Technologien, Einkommensniveau und Einkommensverteilung, gesellschaftliche Normen, [.] gruppenspezifische Leitbilder sowie nicht zuletzt die Einflüsse von Werbung und Marketing".[24] Die meisten dieser Faktoren können von mindestens einem der in meiner Ausarbeitung aufgeführten Akteure zugunsten eines ökologisch nachhaltigen Konsums beeinflusst oder zumindest tendenziell in eine entsprechende Richtung gelenkt werden.

Es sollte desweiteren deutlich geworden sein, dass nachhaltiger Konsum in unserer Gesellschaft im Grundsatz nicht von einem Akteur allein erreicht werden kann. Nur im Zusammenspiel der Hauptakteure Staat, Unternehmen und Konsumenten kann in unserem demokratischen Verfassungsstaat mit seiner sozialen Marktwirtschaft nachhaltiger Konsum gelingen.

Dem Verbraucher kommt hierbei die schwierige Rolle zu, als Typus letztlich eine Mischung aus „Homo oeconomicus" und einem „Homo oecologicus" zu sein.

---

[24] Spangenberg; Lorek, 2001, S.23

8. Literatur

*   Bundesministerium für Umwelt, Naturschutz und Reaktorsicherheit: „Umweltbewusstsein in Deutschland 2006- Ergebnisse einer repräsentativen Bevölkerungsumfrage"; Paderborn; 2006

*   Braun, N.; Franzen,A.: „Umweltverhalten und Rationalität." In: Kölner Zeitschrift für Soziologie und Sozialpsychologie 47; 1995

*   Diekmann, A.: „Umweltsoziologie. Eine Einführung"; Reinbek bei Hamburg; 2001

*   Jänicke, M.; Kunig, P.; Stitzel, M.: „Umweltpolitik- Politik, Recht und Management des Umweltschutzes in Staat und Unternehmen"; 2., aktualisierte Auflage; Bonn; 2003

*   Konferenz der Vereinten Nationen für Umwelt und Entwicklung: „Agenda 21"; Rio de Janeiro; 1992

*   Kukartz, U.: „Umweltbewusstsein und Umweltverhalten" in: Informationen zur politischen Bildung, Heft 287; Bonn 2005

*   May,H.: „Handbuch zur ökonomischen Bildung"; 2. durchgesehene Auflage; München; 1995

*   Meffert, H; Kirchgeorg, M.: „Marktorientiertes Umweltmanagement"; 3., überarbeitete und erweiterte Auflage; Stuttgart; 1998

*   Scherhorn, G.: „Verbraucherinteresse und Verbraucherpolitik"; Göttingen; 1975

*   Spangenberg, J.-H./ Lorek, S. : „Sozio-ökonomische Aspekte nachhaltigkeitsorientierten Konsumwandels" in: Bundeszentrale für politische Bildung: „ Aus Politik und Zeitgeschichte" B24/2001; Bonn 2001

L. L.

Kann das Individuum zur globalen Nachhaltigkeit beitragen?

2011

1. Einleitung

Nach Angaben der Welternährungsorganisation (FAO) hungern weltweit 900 Millionen Menschen. In den vergangenen Jahrzehnten war es zwar gelungen, den Hunger in der Welt schrittweise zu reduzieren, seit 2008 steigt der Anteil jedoch jährlich wieder um ca. 70 bis 80 Millionen. Eine dauerhafte Strategie zur Lösung der Hungersnöte ist noch nicht vorhanden. Dabei ist für die Versorgung aller Menschen – gegenwärtig leben auf der Erde rund 6,7 Milliarden – ausreichend Nahrung vorhanden (vgl. bpd 2009: o.S. Online im Internet).

Das Thema Nachhaltigkeit meint einen Entwicklungsbegriff der die Bedürfnisse der Gegenwart befriedigt, ohne zu riskieren, dass künftige Generationen ihre eigenen Bedürfnisse nicht befriedigen können (vgl. bpd 2004: o.S. online im Internet).

In letzter Zeit wurde in den Medien verstärkt über Nachhaltigkeit diskutiert. Vor allem in Bezug auf die Umwelt ist diese Thematik präsent. Die deutsche Automobilindustrie etwa hat mit dem Vorwurf der starken Umweltbelastung durch den im internationalen Vergleich hohen CO_2-Ausstoß ihrer Produkte zu kämpfen. Aber nicht nur die Automobilbranche, sondern durchweg alle Branchen werden von der Öffentlichkeit kritisch ob ihres verantwortlichen Handelns betrachtet.

Nachhaltiges Handeln gewinnt auf der Unternehmensagenda zunehmend an Bedeutung. Gewissermaßen als Vorreiter hat sich die Firma Henkel bereits 1994 zur sogenannten „Eco-Leadership" verpflichtet und dies konsequent nach außen kommuniziert. Häufig mangelt es den Unternehmen nicht an nachhaltigem und verantwortungsbewusstem Verhalten, sondern an der Kommunikation der nachhaltigen Ausrichtung (Henkel 2008:o.S.Online im Internet).

2. Konsum und Nachhaltigkeit

Im 19 Jahrhundert galt Arbeit als das vorherrschende Sozialisations- und Organisationsprinzip von Gesellschaften, seit dem 20 Jahrhundert übernimmt der Konsum die für die Gesellschaft integrierende Funktion; er fungiert seither als zentraler identitätsstiftender Bestandteil westlicher Gesellschaften, der in sämtlichen Lebensbereichen von Individuen seine Spuren zieht.

Konsum entwickelte sich zu einem Wert an sich, der nicht mehr bloß der unmittelbaren Bedürfnisbefriedigung dient, sondern von den Massenmedien getragen wird und Erlebnisqualität und Freiheit verspricht. Konsumiert werden über Waren hinausgehend Versprechungen (Illusionen) und Verheißungen (Kleider machen schön, Essen gesund/intelligent/schlank/glücklich...), Werte, die eigene Weltsicht. Über Konsum

vollzieht sich die Positionierung in der Gesellschaft (vgl. Hellmann, K.-U. 2008: o.S.). Laut Rössel und Pape orientiert sich der moderne Konsument vorwiegend an ästhetischen Kriterien bezüglich der Produktwahl. Konsum wird nach ihnen wie folgt definiert: „sämtliche Verhaltensweisen, die auf die Erlangung und private Nutzung wirtschaftlicher Güter und Dienstleistungen gerichtet sind" (Rössel, J., Pape, S. 2009: o.S. In: Beckert, J., Deutschmann, C.).

Individuelle Ebene

Der Begriff Nachhaltigkeit ist im gleichen Maße ins Bewusstsein der Menschen gedrungen, wie die Erkenntnis, dass ein gedankenloser oder fahrlässiger Umgang mit der Umwelt zu einer ernsten Bedrohung der Lebensgrundlagen führt. Heute ist allgemein bekannt, dass jeder Einzelne die Verantwortung für die Qualität der Lebensbedingungen der eigenen Kinder und Enkel trägt. Nachhaltigkeit ist die Umsetzung dieser Erkenntnis in ein verantwortungsvolles Verhalten. In der Landwirtschaft bedeutet das eine vorausschauende Bewirtschaftung vor dem Hintergrund eines schonenden Umgangs mit den natürlichen Ressourcen des Betriebes.

Ich bin, was ich kaufe bzw. konsumiere. Einerseits verwirklicht sich moderne Individualität in besonderem Maße in der Konsumentscheidung, die aber zum größten Teil unbewusst verläuft. Gleichzeitig gibt uns Konsum Sicherheit und

Bestätigung der eigenen Identität (vgl. Zangerle, K. et al. 2010: Stellungnahme zu "Making up people: Consumption as a Symbolic Vocabulary for the Construction of Identity" von Elliott, R.). Nachhaltig konsumieren heißt, bewusst zu konsumieren und sich die ökologischen, sozialen und wirtschaftlichen Aspekte des Konsums bewusst zu machen (vgl. Rickes, M., Tiemeyer, E. 2009: S. 36). Unter welchen Bedingungen wurden beispielsweise die Kleidung oder der neue Computer hergestellt? Sind die Arbeiter angemessen bezahlt worden? Waren sie bei der Produktion schädlichen Stoffen ausgesetzt? Und wie sieht es mit den Umweltauswirkungen der Produkte aus? Welche Produkte von welchem Unternehmen möchte ich mit meinem Einkauf nachfragen? Kaufe ich Lebensmittel im Supermarkt, im Discounter, im Bioladen oder auf dem Wochenmarkt? Wie viel Geld habe ich zur Verfügung und wofür kann ich es ausgeben?

Globale Ebene

Nicht nur die Fragen, wie der Hunger in der Welt beseitigt (s. Einleitung) und wie die Verfügbarkeit von Nahrungsmitteln gesichert werden kann, sind zu klären, sondern auch die Auswahl, denn die Ernährungsgewohnheiten der Menschen ändern sich. Mit steigendem Wohlstand in den Industrienationen stieg im letzten Jahrhundert auch zugleich der Fleischverbrauch an. Ein ähnliches Bild zeichnet sich auch in anderen Ländern ab, in denen die akute Hungersnot besiegt wurde. Laut Kearney sind in den Entwicklungsländern zwischen 1963 und 2003 der Fleischkonsum um 119%, der Zuckerverbrauch um 127% und der pflanzliche Ölverbrauch um 199% gestiegen. In den Industriestaaten gab es dagegen keinen erheblichen Zuwachs. Mit steigendem Fett- und Zuckerverbrauch – so Kearney – gehen jedoch erhebliche gesundheitliche Risiken (wie z.B. Fettleibigkeit, Kreislauferkrankungen, Infektionsanfälligkeiten) mit weitreichenden Auswirkungen einher.

3. Konsumverhalten und Sozialisation

Ernährung ist viel mehr als nur der Verzehr von Nahrungsmitteln: Ernährung hat eine Reihe sozialer und kultureller Bedeutungen.

Beim Essen und Trinken geht es nicht nur um physiologische Bedürfnisse, sondern um soziale und kulturelle Aspekte. Beschaffung, Zubereitung und der Verzehr von Nahrungsmitteln haben eine wichtige soziale Funktion. Beim gemeinsamen Essen erneuern oder verändern sich z.B. Familienbeziehungen, Freundeskreise und gesellschaftliche Phänomene, physische Nöte oder Bildung treten in den Hintergrund (vgl. Rückert-John, J., Rückert, R. 2009: S. 176).

Männer und Frauen haben ein unterschiedliches Ernährungsverhalten, dies zeigt u.a. die nationale Verzehrstudie (NVS II 2008) auf. So essen Frauen z.B. mehr Gemüse, Obst und kalorienarme Nahrungsmittel als Männer, Männer dagegen verzehren mehr Fleisch und konsumieren mehr alkoholische Getränke als Frauen. Diese geschlechtsspezifischen Unterschiede entstehen aus soziologischer Sicht durch die Bildung von Stereotypen. Wird laut Rückert anhand anderer Kriterien untersucht, wie z.B. Alter, Altersgruppen, Schichtzugehörigkeit kommt es zu anderen Ergebnissen, die keinen nennenswerten Verzehr-Unterschied zwischen Mann und Frau aufweisen. Die Stereotypen-Zuweisung stellt sich als Hindernis bei der Frage nach einer nachhaltigen Nahrungsmittelaufnahme dar (vgl. Rückert-John, J., Rückert, R. 2009: S. 178).

Essen ist mit Bedeutungen behaftet und steht in einem Zusammenhang mit Macht. Beispielsweise kann der Verzicht auf bestimmte Nahrungsmittel die gesellschaftliche Position eines Menschen bestimmen (vgl. Setzwein, M. 2000: S. 17). Hierbei gilt Fleisch als Symbol von Macht und Stärke und ist damit auch ein Differenzierungsmerkmal in der gesellschaftlichen Stellung (vgl. Rückert-John, J., Rückert, R. 2009: S. 179).

Rückert und Setzwein stellen zusammenfassend fest, dass das Ernährungsverhalten nicht durch das Geschlecht oder den Status in der Gesellschaft bestimmt wird, sondern umgekehrt: Ernährungsgewohnheiten dienen dazu, die soziale Stellung zu bestimmen.

Laut Barlösius korrespondieren die Essgewohnheiten und die geschmacklichen Vorlieben des Menschen mit ihrer sozialen Lage. Arme nehmen laut Studien z.B. überwiegend zucker- und fetthaltige Nahrungsmittel zu sich, im Gegensatz zu Reichen, die sich bewusster und gesünder ernähren und mehr auf leichte Kost achten (vgl. Barlösius, E. 1999:S. 71 f.). Stagl klassifiziert die Essgewohnheiten in zwei Dimensionen: Ernährungsvolumen (betrifft Arme) und Ernährungszusammensetzung (betrifft Reiche).

Vor dem Hintergrund der sozialen Funktionen und der sich hieraus ergebenden Einstellungen und Verhaltensmuster der Konsumenten beeinflussen verschiedene Faktoren das Verhalten der Menschen. Kearney führt hierzu u.a. an: Verfügbarkeit von Nahrungsmitteln und die Zugänglichkeit derselben. Die Wahl der Lebensmittel wird u.a. durch Einkommen, Globalisierung, Marketing und Geographie beeinflusst (vgl. Kearny, J. 2010: S. 11 ff.).

4. Ziele einer globalen Ernährung

Das Ziel einer globalen Ernährungsversorgung muss laut Stagl die Ernährungssicherheit sein, also die Fähigkeit, alle Menschen mit genügend Nahrung zu versorgen, so dass alle Menschen kulturell akzeptable, ernährungsphysiologisch vollwertige Ernährung erhalten. Der englische Biologe Godfroy drückt es so aus: Bei der künftigen Ernährung gehe es nicht nur darum, Menschen satt zu machen, sondern auch gesünder und umweltschonender (vgl. Zeit online o.J.: o.S. Online im Internet). An der Ernährungsversorgung ist überwiegend die industrielle Landwirtschaft beteiligt.

Globale Ebene

Wissenschaftler bestätigen in 21 Studien, die von der britischen Regierung in Auftrag gegeben wurden, dass es nicht nur möglich wäre, die heutige Weltbevölkerung mit 6,7 Mrd. Menschen, sondern auch die prognostizierten 9 Mrd. im Jahre 2050 zu ernähren. Sie setzen hierbei auf ein Konzept, das örtliche Lösungen in den Entwicklungsländern vorsieht. Darunter fallem Züchtung, verbesserte Düngung und Pflanzenschutz mit geringen Investitionen unter Berücksichtigung geografischer Gegebenheiten, wie zum Beispiel des Klimas, des Bodens und des Wassers (vgl. Zeit online o.J.: o.S. Online im Internet). So soll armen Ländern mit der Bereitstellung von Saatgut ermöglicht werden, Getreide (bzw. regionale Nahrungsmittel) anzubauen, statt Getreide, Fleisch und andere Nahrungsmittel einzuführen. Weitere Alternativen sind laut Kearney

- Die Ausweitung des ökologischen Landbaus, der z.Z. in vielen Ländern intensiviert wird, z.B. auch in Deutschland und verstärkt in Österreich (Bio-Lebensmittel, Demeter).

- Weitere Erprobung und Nutzung der Gentechnik.

- Aquakulturen zur Vermeidung von Überfischungen.

- Ein Bevorzugter Einsatz regionaler Produkte.

Die unterschiedlichen Systeme (industrielle Nahrungsmittelproduktion im Vergleich zu Alternativen wie regionaler Nahrungsmittelproduktion) werden jedoch sehr kontrovers diskutiert.

5. Die individuelle Ebene

„Nachhaltig konsumieren ist schon heute möglich", trotz aller Einschränkungen. Klar ist aber auch: Wer ab sofort wirklich nachhaltig konsumieren will, muss etwas tun! Wer es ernst meint, kann für sich und die Gemeinschaft mehr bewirken, als es auf den ersten Blick scheint. Unter dem Thema der Nachhaltigkeit geht es nicht nur um die Veränderung des Verzehrverhaltens sondern auch um Stereotypen, Sozialisation, Macht sowie die Kluft zwischen Armen und Reichem, wie vorstehend ausgeführt. Die grundsätzlichen Fragen lauten daher:

1. Können wir nachhaltig essen, wenn der Essgeschmack durch Sozialisation vorgeprägt ist?

2. Können wir trotz Stereotypen nachhaltig essen?

3. Können wir nachhaltig Essen, wenn Essgewohnheiten zugleich Machtpositionen ausdrücken (z.B. Fleisch als Symbol von Macht)?

Ein dauerhaftes nachhaltiges Ergebnis wird erst dann erreicht werden können, wenn der Symbolcharakter des Nahrungsverhaltens bewusst gemacht wird und Umdeutungen erreicht werden.

Ziel muss es daher sein,

-   soziale Gerechtigkeit zu erreichen: Menschen die sozial benachteiligt sind, weil sie z.B. über weniger Geld verfügen, sollten gleiche Chancen haben, sich nachhaltig zu ernähren wie Menschen die finanziell und sozial besser gestellt sind.

-   die kulturelle Vielfalt der Ernährung zu erhalten.

-   die Gleichberechtigung zwischen den Geschlechtern herzustellen.

Unter der Prämisse von Stagl und Godfroy, Menschen mit kulturell akzeptabler, ernährungsphysiologisch vollwertiger Ernährung zu versorgen, die gesünder und umweltschonender ist, ergeben sich auch Anforderungen an die Nahrung selbst:

- Abwechslungsreiche, bedarfsgerechte Ernährung

- Reichlich pflanzliche Lebensmittel und Getränke

- Mäßig tierische Lebensmittel

- Sparsam: fett- und zuckerhaltige Lebensmittel, die frisch, regional, saisonal und ökologisch hergestellt sind (Herde, A. 2005: S. 32).

6. Individuelle Schritte

Nachhaltig konsumieren wäre ziemlich einfach, wenn der Bio-Supermarkt gleich unten an der nächsten Ecke, der Kindergarten zu Fuß und der Sportverein mit dem Fahrrad zu erreichen wäre, die Straßenbahn direkt vor der Haustür hielte und die Wohnung dennoch ruhig und bezahlbar wäre.

Doch eine ideale Welt bleibt vorerst ein Wunschtraum. Oft kommt etwas dazwischen, Kompromisse gehören zum Alltag. Und welche Kompromisse wir eingehen, hängt von der Lebenssituation, vom Geldbeutel und von den Angeboten ab, die es in der näheren Umgebung gibt oder nicht gibt. Den Kindergarten in der Nachbarschaft kann man ebenso wenig herbeizaubern wie das funktionierende Nahverkehrssystem auf dem Land. Haben wir überhaupt die Möglichkeit, nachhaltig zu konsumieren? Was sind die großen Lebensentscheidungen, die die Bedingungen eines „nachhaltigen Konsums" beeinflussen?

- Wie steht es um mein Zuhause und meinen Arbeitsort?

- Wo wohne ich? Wie wohne ich? Wo arbeite ich?

- Welches Hobby habe ich?

- Verbrauche ich dabei viel Energie und Ressourcen oder wenig?

- Was sind meine Konsumvorlieben?

- Esse ich gern und viel Fleisch? Reise ich gern und viel in fremde Länder?

- Fahre ich gern und viel in schnellen Autos?

Wer seinen Konsum Schritt für Schritt auf Nachhaltigkeit umstellen will, stellt sich folgende Fragen:

- Wo soll man anfangen? Was sind die wirklich wichtigen Dinge? Bringt es überhaupt etwas, wenn ich mein Verhalten ein bisschen verändere?

- Kann ich es mir finanziell leisten, nachhaltig zu konsumieren? Ist nachhaltig konsumieren nicht nur etwas für Begüterte?

- Welchen Informationen kann man trauen? Und werden nicht ständig neue Themen „entdeckt", die manchmal nur Mode sind? Die Beantwortung der Fragen, kann nur jeder für sich vollziehen.

Nachhaltiger Konsum muss nicht teuer sein

„Nachhaltige Produkte sind teurer als andere." Oder: „Nachhaltig zu konsumieren können sich nur „Begütete" leisten." Das wird immer wieder so oder ähnlich erzählt. Aber trifft das auch zu? Nicht immer. Nachhaltige Produkte sind häufig teurer als ihre weniger nachhaltigen Wettbewerber am Markt. Trotzdem kann man mit nachhaltigem Konsum unterm Strich Geld sparen. Ein Widerspruch?

Mehrwert nachhaltiger Produkte

Bei Lebensmitteln und bei Textilien trifft es zu, dass die nachhaltigen Produkte zum Teil sogar deutlich teurer sind. Ein Produkt, das ökologisch verträglicher und unter fairen Bedingungen hergestellt wurde, kostet mehr als ein Produkt, das möglichst billig hergestellt wurde. Dagegen hat das faire Produkt einen „Mehrwert" für alle. Wer sich mit Produkten und Mitarbeitern mehr Mühe gibt, muss dafür einen angemessenen Preis erwarten können. Sonst kommt die nachhaltige Wirtschaft nicht in Gang.

Der tägliche Einkauf – mit Spontaneität und Gewohnheiten durch den Alltag

Die Dinge, die wir täglich zum Leben brauchen, wie zum Beispiel Essen und Trinken, kaufen wir oft ganz nebenbei. Beim Bummeln, wenn wir etwas Praktisches oder ein Schnäppchen sehen, kaufen wir spontan. Jeder entwickelt Routinen und Vorlieben. Wir kaufen bestimmte Produkte und Marken regelmäßig und in einige Geschäfte gehen wir immer wieder. Nur gelegentlich probieren wir mal etwas „Neues" aus. Einkaufen ohne groß nachzudenken spart Zeit und Nerven. Viele Verbraucher finden es gut, dass auf den Lebensmittelverpackungen Nährwert, Fettgehalt, Zucker usw. ausgewiesen sind.

Aber sie lesen diese Etiketten nicht bei jedem Einkauf und bei jedem Produkt durch.

Routiniert einkaufen „entlastet". Aber wir können auch gewohnheitsmäßig zu fett, zu süß, zu teuer und insgesamt zu wenig nachhaltig einkaufen. Das tägliche Einkaufen von nachhaltigen Produktalternativen erfordert „neue Routinen". Alte Gewohnheiten müssen überprüft und neue eingeübt werden. Dabei helfen einige einfache Faustregeln und das Wissen darum, welche Produktkennzeichnungen und Labels zu beachten sind.

„Bio" ist angesagt. Fast jeder entscheidet sich beim Lebensmitteleinkauf zumindest manchmal für Bio-Produkte. Dahinter steckt bei den meisten der Wunsch, sich gesund zu ernähren und eine umweltfreundliche Alternative zu wählen. Auch fair gehandelte Produkte stehen bei vielen hoch im Kurs. Sie haben den zusätzlichen Vorteil, dass man damit einen sinnvollen Beitrag für bessere Arbeitsbedingungen in armen Ländern leistet. In den Einkaufskorb gehören vor allem:

- gesunde Lebensmittel,

- Bio-Produkte,

- saisonales Obst und Gemüse aus der Region,

- weniger Fleisch und Fisch,

- fair gehandelte Produkte und

- Getränke in Mehrwegverpackungen.

Ökobauern verzichten auf chemisch-synthetische Dünger und Pflanzenschutzmittel. Auch Gentechnik ist im Ökolandbau verboten. Nutztiere werden auf Biohöfen artgerecht gehalten. Zudem entstehen durch den Ökolandbau im Verhältnis mehr Arbeitsplätze als durch konventionelle Anbaumethoden.

Beim Obst- und Gemüseeinkauf ist die Jahreszeit besonders wichtig. Früchte, die gerade Erntesaison haben, sind geschmacksintensiver und können besonders frisch sein. Außerdem ist die Energiebilanz saisonaler Produkte besser, da eine energieintensive Lagerung im Kühlhaus ebenso unnötig ist wie lange Transportwege. Produkte, die in der Nähe hergestellt wurden, haben kürzere Transportwege hinter sich. Mit zunehmender Entfernung der Lebensmittelproduktion steigt der Energieverbrauch, der für den Transport entsteht. Das gilt auch für Bioprodukte. Deshalb gehören bevorzugt Lebensmittel in den Einkaufskorb, die im eigenen Land oder – noch besser – in der eigenen Region hergestellt wurden. Auf besonders nachhaltige Weise erzeugte Produkte aus Übersee können eine akzeptable Energiebilanz haben, wenn auf aufwendige Lagerung verzichtet wurde. Eine ganz einfache Faustregel gibt es hier leider nicht.

Individuelle Ebene

Die Einkaufsstätte „Bauernhof" kann z.B. für den einzelnen Verbraucher zu einer interessanten Alternative gegenüber dem Lebensmitteleinzelhandel werden. Qualität und Frische der Erzeugnisse direkt vom Bauernhof sind nicht der alleinige Grund für den Einkauf direkt beim Erzeuger. Wichtig sind auch Angebote und Serviceleistungen, die der Supermarkt nicht oder nur unzureichend bietet, wie Informationen und Rezepte, Regionalität und Saisonalität. Denn das, was gerade Saison hat, schmeckt am besten und ist am umweltschonendsten erzeugt. Vor allem aber ist es das persönliche Bemühen um den Kunden und der Aufbau einer unverwechselbaren Atmosphäre, die das Einkaufen auf dem Bauernhof zu einem besonderen Erlebnis machen kann.

Fleisch und Fisch – wenig und bewusst auswählen

Auf unserem Speisezettel sollten viel frisches Gemüse und wenig Fleisch stehen. Das ist nicht nur gesund, sondern reduziert auch den Ausstoß von Treibhausgasen. Bei der Produktion von Fleisch entstehen um ein Vielfaches mehr Treibhausgase als bei Gemüse. So kann jeder zum Klimaschutz beitragen, indem er pflanzliche Lebensmittel bevorzugt und Fleisch als seltene Delikatesse ansieht. Steaks und Würstchen aus ökologischer und regionaler Landwirtschaft kosten zwar mehr, haben aber eine bessere Qualität, die sich auch bei der Zubereitung und geschmacklich bemerkbar macht. Biofleisch stammt zudem aus artgerechter Tierhaltung.

Auch bei Fisch ist es wichtig, bewusst auszuwählen. 75 Prozent der kommerziell genutzten Fischbestände weltweit werden bis an ihre Grenzen befischt oder gelten als überfischt (vgl. NABU – Naturschutzbund Deutschland e.V. o.J.: o.S. Online im Internet).

Lebensmittel Trinkwasser

Wasser gibt es in unseren Breiten reichlich und noch dazu in sehr hoher Qualität. Leitungswasser ist Trinkwasser. Wer Trinkwasser in Karaffen zapft, vermeidet lästiges Kistenschleppen, Verpackungen und zusätzliche Transportwege.

Getränke – Mehrweg ist besser als Einweg

Eine Mehrwegflasche aus Glas wird bis zu 50-mal wiederverwendet, eine PET-Mehrwegflasche bis zu 25-mal. Dadurch ist die Mehrwegflasche die umweltfreundlichste Getränkeverpackung, die es auf dem Markt gibt, denn durch Mehrwegsysteme muss weniger Abfall entsorgt werden. Gleichzeitig werden weniger Rohstoffe zur Herstellung der Getränkeverpackungen benötigt, wenn die Flaschen mehrmals wiederbefüllt werden. Durch den Kauf von Getränken in Mehrwegflaschen unterstützen Sie vor allem regionale, kleine und mittelständische Unternehmen wie Brauereien, Saftkeltereien und Mineralbrunnen. Und tragen dazu bei, in diesen Unternehmen Arbeitsplätze zu sichern (vgl. NABU – Naturschutzbund Deutschland e.V. o.J.: o.S. Online im Internet).

CO_2-Emissionen für einen Liter Orangensaft

Wer mehrere Gläser Orangensaft trinkt und die Getränkeverpackung entsorgt, verursacht vordergründig nur sehr geringe CO_2-Emissionen. Denn der CO_2-Ausstoß, der beim Verbrauch und bei der Entsorgung von einem Liter Orangensaft entsteht, ist vergleichsweise gering, wenn man die gesamte Produktgeschichte des Getränks betrachtet. Der größte Anteil der CO_2-Emissionen, die während des gesamten Produktlebens von einem Liter Orangensaft entstehen, wird bereits beim Anbau der Orangen durch die Produktion und die Ausbringung des Düngers ausgestoßen.

7. Reflexion

Informationen über das Thema Nachhaltigkeit gibt es genug, sei es in Medien (Büchern, Internet, Zeitung…) wichtig sind hierbei aber alltagstaugliche Tipps, die sich leicht umsetzen lassen. Beispielsweise wird ein Gütesiegel auf einer Verpackung nur dann verstanden, wenn die damit verbundenen Inhalte und Kriterien bekannt sind.

Die gewonnenen Informationen und Erkenntnisse, die z.B. ein Gütesiegel beinhaltet, müssen anschließend im Bewusstsein verankert und im Konsumverhalten konsequent umgesetzt werden.

Wer Nachhaltigkeit fördern will, indem er vorwiegend auf regionale Produkte zurückgreift, nimmt in Kauf, dass es beim heimischen Bauern keine Bananen oder Zitronen gibt, Erdbeeren erst ab Juni Saison haben und dass die Lende eines Schweins irgendwann ausverkauft sein kann, weil es nur zwei hat. Schließlich sollten die Zusammenhänge zwischen Nachhaltigkeit, Ökologie und Ressourcenschonung in die allgemeine Wertediskussion eingebracht werden, damit den heimischen Agrarprodukten und ihren Erzeugern wieder die Wertschätzung zuteilwird, die ihnen zukommt.

Bei allen Vorschlägen auf globaler und individueller Ebene ist zu berücksichtigen, dass nachhaltige Ernährung viel mehr als nur der Verzehr von Nahrungsmitteln ist. Die Kultur der Ernährungsgewohnheiten wird nicht nur durch die physiologischen Bedürfnisse sondern vor allem durch die Sozialisation eines Individuums geprägt.

8. Literaturverzeichnis

Barlösius, E. (1999): Essbar oder nicht essbar? Die Nahrung als kulturelles und soziales Zeichen. In: dies. Soziologie des Essens. Weinheim/München. Juventa Verlag

bpd (2004): Leitbilder der Nachhaltigen Entwicklung. In: http://www.bpb.de/popup/popup_druckversion.html?guid=UA5H5Q (Download 15.02.11)

bpd (2009): Aus Politik und Zeitgeschichte. Welt Ernährung. In: http://www.bpb.de/publikationen/NX43M9,0,0,Weltern%E4hrung.html (Download 06.02.11)

Gesellschaft. In: Schülein, Johann A./Lueger, Manfred/Hametner, Hubert [Hrsg.]: Unternehmen aus sozialwissenschaftlicher Perspektive. Wien: Facultas. S.112-135

Hellmann, K.-U. (2008): Das konsumistische Syndrom Zum gegenwärtigen Entsprechungsverhältnis von Gesellschafts- und Identitätsform unter besonderer Berücksichtigung der Raum-Konsum-Relation. Wiesbaden. VS Verlag für Sozialwissenschaften

Henkel (2008): Nachhaltigkeitsbericht 2008. Corporate Social Responsibility bei Henkel. A brand like a friend. Den Wandel aktiv gestalten. In: 106984_2009.02.25_sustainabilityreport_de.pdf (application/pdf-Objekt) (Download 06.02.11)

Kearny, J. (2010): Food consumption trends and drivers

NABU – Naturschutzbund Deutschland e.V. (o.J.): Der NABU-Mehrweg-Guide. Die wichtigsten Fragen und Antworten zum Mehrweg und Pfand. Ist

Mehrweg immer umweltfreundlicher als Einweg? Berlin. In: http://www.nabu.de/themen/mehrwegundreycling/mehrweg/nabumehrwegguide.html (Download 06.02.11)

NABU – Naturschutzbund Deutschland e.V. (o.J.): Fischerei ohne Grenzen. Raubbau an den Meeren bringt Fischbestände an ihre biologischen Grenzen. Berlin. In: http://www.nabu.de/themen/meere/fische/12188.html (Download 06.02.11)

Rickes, M., Tiemeyer, E. (2009): Lernsituationen zum nachhaltigen Wirtschaften im

Einzelhandel. Konzipierung und Gestaltung von Lernarrangements zur Förderung der Berufsbildung für eine nachhaltige Entwicklung. In: http://www.eukona.net/material/lernsituationen/aspekte02_HR_Eukona_EH_V3 0_04_09.p df (Download 03.02.11)

Rössel, J., Pape, S. (2009): Lebensstile und Konsum. In: Beckert, J., Deutschmann, C. (Hrsg.): Wirtschaftssoziologie. Wiesbaden: VS

Rückert-John, J., John, R. (2009): Essen macht Geschlecht. Zur Reproduktion der Geschlechterdifferenz durch kulinarische Praxen. In: Ernährung im Fokus. 9. Jg.

Setzwein, M. (2000): Ernährung und Geschlecht. In: Internationaler Arbeitskreis für Kulturforschung des Essens. Heft 5

Stagl, S. (2002): Local Organic Food Markets. Potentials and Limitations for Contributing to Sustainable Development. Netherland. Kluwer Academic Publishers

Zangerle, K. (2010): Stellungnahme zu "Making up people: Consumption as a Symbolic Vocabulary for the Construction of Identity" von Elliott, R.

Zeit online (o.J.): Wissen. Welternährung. Wie bekommt man neun Milliarden Menschen satt? In: http://www.zeit.de/wissen/2010-08/ernaehrung-hunger (Download 06.02.11)

Anna-Sophie Buhler

Die moderne Konsumgesellschaft, ihre Folgen für die Umwelt und eine neue Form der Konsumkritik: Containern

2011

1. Einleitung

Zwölf Quadratkilometer – das ist nicht nur die Fläche der größten, mittlerweile geschlossenen Mülldeponie der Welt, sondern auch symptomatisch für die Bilanz der modernen Konsumgesellschaft. Fresh Kills auf Staten Island gilt als das größte von Menschenhand erschaffene Gebilde, besitzt ein größeres Volumen als das der Chinesischen Mauer und ist 24 Meter höher als die New Yorker Freiheitsstatue (Leonard 2010). Die mittlerweile geschlossene Mülldeponie ist ein Zeugnis dafür, welche Dimension die heutige Konsum- und damit einhergehende Wegwerfgesellschaft erreicht hat. Der Leitspruch aus der Zeit des Zweiten Weltkrieges: „Use it up, wear it out, make it do, or do without" (Leonard 2010: 12) hat leider schon vor geraumer Zeit an Gültigkeit bei dem Großteil der Menschen in den Industrienationen verloren. Heute gilt: was nicht gefällt, wird ersetzt und nur ein Minimum der Menschen weiß, wo ihre Abfälle landen.

Diese Hausarbeit zum Thema Konsumsoziologie wird sich zunächst mit der Definition und der Begrifflichkeit der Konsumgesellschaft auseinandersetzen. Was ist eine Konsumgesellschaft, welche Merkmale prägen sie und ab welchem historischen Punkt kann man von ihr sprechen? Auf diese Fragen soll ebenso eine Antwort gefunden werden, wie darauf, welche negativen Konsequenzen die Menschen durch ihre Wegwerfmentalität ihrem Planeten aufbürden. Denn wenn man über die Wegwerfgesellschaft spricht, darf der Aspekt der Umweltproblematik unter keinen Umständen außen vor bleiben. Aus diesem Grund wird diesem Thema in Kapitel 3 Rechnung getragen.

Es gibt allerdings eine Minderheit an Konsumenten, die die oben genannte „Wegwerfmentalität" abgelegt, ihr bisheriges Handeln reflektiert haben und nun eine andere Form des Konsums gewählt haben. Auf dieses sogenannte *„Containern"*, oder auch *„Dumpstern"* genannt, soll in dieser Abhandlung der realitätsbezogene Fokus gelegt werden. Dabei stellen sich zunächst die Fragen: Was ist Containern, wer containert und natürlich: warum? Es geht also in allererster Linie darum, die Beweggründe und die Vorgehensweise der Menschen zu erforschen, die diese Art von Konsumkritik üben. Diese Hausarbeit beschäftigt sich demnach mit der These, dass Containern als eine moderne Form der Kritik an der heutigen Konsumgesellschaft angesehen werden kann. Ob diese Annahme verifiziert werden kann oder doch nicht haltbar ist, soll im vierten Kapitel dieser Abhandlung geklärt werden. Abschließend soll in der Zusammenfassung ein Fazit erfolgen, welches die Abhandlung und ihr Ergebnis zusammenfassend formuliert.

2. Die Konsumgesellschaft

In diesem Kapitel wird die Begrifflichkeit der Konsumgesellschaft anhand ihrer Merkmale zu definieren und charakterisieren sein. Ebenso wird die Geschichte des Konsums bis zur heutigen Ausprägung einer konsumorientierten Gesellschaft näher erläutert, um einen Grundstein für die darauf folgende Thematik der Folgen der Konsumgesellschaft zu schaffen.

2.1 Definition der Konsumgesellschaft

Um die Konsumgesellschaft ausführlich definieren zu können, sollte man in erster Linie einen Blick darauf werfen, welche Merkmale diese Begrifflichkeit ausmachen. Grundsätzlich
spricht man von einer Konsumgesellschaft, wenn die Menschen dieser Gesellschaft der Möglichkeit des Konsums einen sehr hohen Stellenwert einräumen. Häufig wird der Begriff auch kritisch verwendet und wird umgangssprachlich gleichgesetzt mit Begriffen wie Wohlstandsgesellschaft, Überflussgesellschaft oder Wegwerfgesellschaft. Dennoch muss man aber zugestehen, dass in der heutigen Zeit der Begriff des „Konsums" eine positive Renaissance erfährt und immer mehr auch mit den Worten Genuss und Selbstbestimmung in Verbindung gebracht wird. *Norbert F. Schneider* beschreibt, dass dies aber nicht gleichzeitig bedeuten muss, dass der Konsumsektor nicht die einzig herausragende und vorzuzeigende Eigenschaft in der jeweiligen Gesellschaft ist (Schneider 2000: 11).
Um einen genauen Blick darauf werfen zu können, ist es allem voran notwendig zu klären, was man in der Soziologie überhaupt unter dem Begriff „Konsum" versteht. Nach Schneider bedeutet Konsum nicht nur, wie oftmals gedacht, die reine wirtschaftliche Nachfrage nach Waren und Dienstleistungen, die meist mit Verbrauch und Abnutzung von Gütern negativ behaftet ist, sondern es werden darunter auch „sämtliche Aktivitäten von Einzelpersonen oder privaten Haushalten verstanden, die auf die Entnahme von Gütern und Dienstleistungen aus dem Markt gerichtet sind" (ebd.).
Genau wie alle Systeme in einer Gesellschaft ist auch der Konsum ein Subsystem, der einem gewissen schematischen Kreislauf folgt. Zu Beginn gibt es ein Bedürfnis, welches durch das gezielte Informieren bestärkt wird. Darauf wird das gewünschte Produkt gekauft, genutzt und zu guter Letzt entsorgt.

Konsum ist demnach, „soziales Handeln mit umfassenden gesellschaftlichen und individuellen Funktionen" (ebd.: 12).

Die Konsumgesellschaft zeichnet sich nach *John Brewer* durch sechs Merkmale aus. Darin enthalten sind: das Angebot eines reichhaltigen Sortiments von unterschiedlichsten Waren; komplizierte Kommunikationssysteme (z.B. Werbung, Marketing), die die Produkte mit Bedeutungen und damit Bedürfnissen versehen; Objektbereiche von als zusammengehörig geltenden Waren, die die Regeln des Geschmacks bilden (z.B. Mode, Stil); der hohe Stellenwert von Freizeit und Konsum vor der Arbeit; die Existenz des „Konsumenten" als individuelle Rolle (ebd.) und zuletzt die Konsumkritik als Zeichen einer vorherrschenden Zwiespältigkeit zwischen Konsumenten und dem Konsum selbst, gekennzeichnet durch die Gefahren für den Menschen, seiner Umwelt und Gesellschaft.

Der letzte Punkt gliedert sich hervorragend in diese Abhandlung ein. Denn, wie schon erwähnt, ist ein Hauptmerkmal der Konsumgesellschaft die Konsumkritik selbst. Nachdem die Begrifflichkeit nun kurz, aber ausführlich, definiert wurde, ist es interessant einen Blick auf die Entwicklung vom menschlichen Konsum zu werfen. Dies soll nun im nächsten Unterkapitel erfolgen.

2.2 Geschichte der Konsumgesellschaft

Nachdem die verwendeten Begriffe definiert worden sind, soll nun ein kurzer historischer Überblick über die Entwicklung der Konsumgesellschaft gegeben werden.

Grundsätzlich lässt sich dazu sagen, dass es eigentlich schon immer Konsum gegeben hat. Der Weg zur heutigen Konsumgesellschaft wurde schrittweise gegangen und immer durch einschneidende Veränderungen vorangetrieben.

Wo die genauen Anfänge der Konsumgesellschaft liegen, lässt sich zwar nicht genau festsetzen, jedoch kann man anmerken, dass es theoretisch seit dem 15. Jahrhundert die erste kleine Form von übermäßigem Konsum gegeben hat. Die Gruppe derer, die diesen allerdings genießen konnten, war ziemlich klein. Geschuldet ist diese Tatsache der bis in das 17. Jahrhundert existierenden Ständegesellschaft. Nutznießer des Genusses waren lediglich die Menschen der oberen Stände, die ihr Verlangen nach Genuss durch Fleisch und andere begehrte Nahrungsmitteln stillten. Die meisten Menschen verbrachten zu dieser Zeit einen Großteil ihrer Lebenszeit damit, Nahrung anzubauen, um sie im Anschluss wieder zu konsumieren und dies in stetiger Wiederholung (Jäckel 2004).

Im 18. Jahrhundert lag der Fokus bezüglich der Nahrungsmittel immer noch weniger im Konsum, als vielmehr in Überlegungen zur Produktion von Lebensmitteln. Zahlreiche ökonomische Theorien befassten sich damit, wie eine Verbesserung der Nahrungssituation zu bewerkstelligen sei. Damit ging man aktiv an das Problem der Versorgung mit Lebensmitteln einer immer schneller wachsenden Bevölkerungszahl entgegen.

In der Wende vom 18. Jahrhundert zum 19. Jahrhundert konnten drei wichtige Veränderungen erreicht werden, die die genannte Problematik beschwichtigten. Zum einen wurde nun die sogenannte Fruchtwechselwirtschaft genutzt, um einen höheren Ernteertrag zu erzielen. Bei dieser sogenannten Agrarrevolution wurden nun auch künstliche Düngemittel eingesetzt und die landwirtschaftliche Produktion immer fortschreitender mechanisiert (Jäckel 2004: 24).

Auch die Transportrevolution verhalf zu einer neuen Handelsdynamik. Durch die Entwicklung neuer Infrastrukturen über Eisenbahn, Schiffe usw. konnten auch gleichzeitig neue Märkte erschlossen werden. Ein dritter wichtiger Faktor lag im Fortschritt zur Konservierung von Lebensmitteln. Der Franzose *Nicolas Francois Appert* entwickelte ein Konservierungsverfahren und war so in der Lage, Nahrungsmittel für eine deutlich längere Zeit haltbar zu machen. In der zweiten Hälfte des 19. Jahrhunderts kam es durch die Entwicklung von Kältemaschinen zu einem weiteren Fortschritt in puncto Nahrungsversorgung. All diese Faktoren spielen auch heute noch eine große Rolle, denn die Transportrevolution und auch die erste Entwicklung von Kühltechniken, sind ein wichtiger Basisbestandteil für die heutige moderne Konsumgesellschaft. Dadurch wurde ein Grundstein gelegt, der es ermöglicht, jegliches Nahrungsmittel und Gut von einem Ort auf der Welt zum anderen zu bringen. *Jäckel* zitiert dazu *Wolfgang König*, der feststellt, dass „die ganze Welt zum Obstgarten, zum Gemüsebeet und zur Viehkoppel des Verbrauchers gemacht [wird]" (Jäckel 2004:25). Dazu kam es ebenfalls im 18. Jahrhundert, da die Vergrößerung des Marktes einhergehend mit der steigenden Nachfrage auch eine Ausweitung des Angebots zur Folge hatte. Anhand der Vermarktung von Bleich- und Waschmitteln, die zum einen zu einer höheren Reinlichkeit und zum anderen zu einer steigenden Nachfrage führten, lässt sich erkennen, dass vorher nie dagewesene Produkte plötzlich als zwingend notwendig angesehen wurden. Dieses Phänomen ist heute aktueller denn je. Aber auch Mitte des 19. Jahrhunderts erschloss sich ein immer größer werdender Konsumentenkreis.

Dies war auch durch den Mobilitätsaufschwung bedingt, der im 19. Jahrhundert einsetzte und die Strukturen der sogenannten „alteuropäischen Gesellschaft" (Jäckel 2004: 26) stark veränderte. Die Menschen, die zuvor in kleineren sozialen Einheiten lebten und eine Gemeinschaft bildeten, fanden sich nun in der Anonymität einer Großstadt wieder. Der deutsche Soziologe *Georg Simmel* sah in dem aus der Anonymität wachsenden Bedürfnis nach Unterschiedlichkeit einen entscheidenden Faktor in der Steigerung des Konsumverhaltens. Ebenso gehen andere Soziologen wie etwa der Konsumsoziologe *Thorstein Veblen* davon aus, dass der Konsum wie heute auch als ein „Prestigemittel" (Jäckel 2004: 26) gesehen werden muss, das zur Demonstration eines gewissen Lebensstandard beitragen sollte und gleichzeitig einen Großteil des Einkommens verschlang. Wie schon anfänglich erwähnt, geht die Konsumgesellschaft einher mit vielen wichtigen Veränderungen. Diese sieht König in sechs bestimmten Kriterien, die dazu beigetragen haben, dass unsere heutige Gesellschaft zu einer Konsumgesellschaft geworden ist. Durch neue Produktionstechniken, wie etwa die Entwicklung von Kunststoffen, konnten die Produktion und der Preis gesenkt werden, was natürlich zwangsläufig die Vielfalt und Nachfrage steigerte.

Zudem erfuhr der Markt durch den Handel über nationale Grenzen hinweg eine enorme Ausweitung. Auch stieg das Einkommen der Menschen stetig und ließ somit mehr Spielraum für etwaige Käufe, die vorher finanziell nicht möglich gewesen wären. Die Menschen erfüllten sich plötzlich immer mehr Luxuswünsche, die zuvor den Grundbedürfnissen weichen mussten. Durch die Erhöhung der frei zur Verfügung stehenden Zeit stiegen dementsprechend auch die Bedeutung und der Wert dieser gegenüber der Arbeitszeit.

All die angesprochenen Verhältnisse und auch die weiteren wirtschaftlichen und technischen Neuerungen ließen eine Konsumgesellschaft entstehen, wie wir sie heute kennen. Aber wie schon zu Zeiten der Ständegesellschaft können auch heute nicht alle Menschen dem Konsum frönen. Lediglich 20 Prozent der Weltbevölkerung verfügen über die gigantische Zahl von mehr als 80 Prozent der Ressourcen auf dieser Welt (Engelhardt/Steigenberger 2005). Man könnte in Anbetracht dieser Zahlen fast behaupten, dass die Feudalgesellschaft nie aufgehört hat zu existieren, sie hat sich lediglich global verlagert. Die Folgen des teilweise verantwortungslosen Verhaltens dieser 20 Prozent reichen Erdbewohner sind zunehmend beträchtlicher und spiegeln sich in Mülldeponien wie Fresh Kills wider. Die Umweltfolgen sind nicht mehr zu übersehen und sollen im nächsten Kapitel erläutert werden.

3. Umweltproblematik durch die Folgen der Konsumgesellschaft

Wenn in dieser Hausarbeit von der Umweltproblematik die Rede ist, dann sind damit nicht nur negative Folgen in der unmittelbaren Natur gemeint, sondern zum Beispiel auch die Nahrungsmittelkrisen in der dritten Welt durch den erhöhten Fleischkonsum der industrialisierten Staaten. Zurzeit leiden 842 Millionen Menschen an Unterernährung oder Mangel an gesunden Lebensmitteln, diese erschreckenden Zahlen gab der Vegetarierbund Deutschland bekannt (Foß/Klosterhalfen). Diese Probleme sollen im Folgenden aufgegriffen und diskutiert werden.

3.1 Ausmaß der derzeitigen Umweltprobleme durch Konsum und Abfall

Wenn man über Abfall spricht, sollte man sich zunächst Gedanken darüber machen, wann geliebte neu erworbene Trophäen zu Abfall werden. Es ist ein Prozess, der schier unsichtbar abläuft. Das langersehnte Wunschobjekt wird nach reichlicher Überlegung gekauft, dann wie ein Schatz so in der Wohnung platziert, dass jeder Gast es sehen kann. Doch schon bald verliert der Gegenstand an Bedeutung, aus welchen Gründen auch immer schenkt man ihm plötzlich viel weniger Beachtung. Er verstaubt, landet nach geraumer Zeit in Kisten in der Garage und dann wird er weggeschmissen. Genau an diesem Punkt wird er zu Abfall und absolviert einen langen Weg zu seinem endgültigen Lagerungsplatz.
Unsere ehemalige stolz erworbene Trophäe hat nun die Option entweder frei und unbehandelt in unserer Umwelt zu landen oder in einem Abfallbewirtschaftungspark zu gelangen; mit viel Glück wandert sie aber auch in eine chemisch-mechanisches Regenerationssystem, um dort recycelt zu werden (Lerchner 1993). So ist es mittlerweile so, dass ein Fünftel der Weltbevölkerung vier Fünftel der globalen Ressourcen verbraucht (Khor et al. 2005: 16). Dieses ungleiche Verhältnis hat dramatische Folgen für die Umwelt und ebenso für die Ärmsten der Welt. Um die Problematik greifbar zu machen, bedarf es handfester Zahlen, die nun kurz folgen sollen.
Eine Statistik von Eurostat belegte, dass allein in Europa im Jahr 2007 jeder EU-Bürger 522 Kilogramm Müll produzierte. Multipliziert man diesen Durchschnittswert mit den 500 Millionen Einwohnern der Europäischen Union,

so kommt man auf die astronomische Zahl von 261 Millionen Tonnen Müll. Laut Prognosen der Europäischen Umweltagentur (EUA) produziert jeder EU-Bürger voraussichtlich in zehn Jahren durchschnittlich 680 kg Abfall – ein Plus von 25 Prozent gegenüber 2005 (Schiltz: 2009). Diese Zahlen sind nicht überraschend in Anbetracht der Tatsache, dass stetige Müllproduktion ein Ergebnis von demografischer Entwicklung und technischen Innovationen ist und auch in Zukunft eher zu- als abnehmen wird. Natürlich ist auch das stetige Wirtschaftswachstum ein Faktor, der nicht außer Acht zu lassen ist, wenn über Produktions- und Konsumerhöhung gesprochen wird. Interessant an diesen Zahlen ist, dass sich Deutschland zwar bei der pro-Kopf-Berechnung mit 564 Kilogramm Müllproduktion über dem Durchschnitt bewegt, dafür allerdings in Sachen Recycling auf dem ersten Platz rangiert. Wo Bulgarien, Litauen oder Polen noch über 90 Prozent ihrer Abfälle unter die Erde deponieren, landet in Deutschland nur noch ein Prozent des Mülls auf Deponien.

Bei diesen Mengen an weggeworfenen Gütern sollte noch ein weiterer Blick auf die in dieser Abhandlung so wichtigen Fragen der Nahrungsmittelentsorgung geworfen werden. *Robert van Otterdijk*, Beauftragter der Welternährungsorganisation für die kommende SAVE FOOD-Ausstellung erläuterte konkrete Zahlen zum Verlust von Nahrungsmitteln:

„Schätzungen zufolge liegt der weltweite Nahrungsmittelverlust je nach Art des Lebensmittels zwischen 20 und 75 %, mit einem Gesamtvolumen von bis zu 1,2 Milliarden Tonnen. In entwickelten und Industrieländern wird der Pro-Kopf-Verlust im Jahr auf ca. 300 kg geschätzt, wovon der überwiegende Teil auf Verbraucherebene anfällt.“

Aufgrund dieser alarmierenden Erkenntnisse wird es im Mai 2011 einen internationalen Kongress und eine Ausstellung zum Thema SAVE FOOD geben, welche von der Welternährungsorganisation der UN und der Messe Düsseldorf GmbH veranstaltet wird. Zweck ist es, die internationalen Kompetenzen zu bündeln und mit Experten aus Wirtschaft, Politik und Gesellschaft das Problem des Verlustes von Nahrungsmitteln und mögliche Lösungsansätze diskutieren. Natürlich lässt sich jetzt noch nicht abschätzen, inwieweit dieser Kongress zu Lösungsansätzen beitragen kann und wenn dem so ist, wie sehr diese in Zukunft greifen könnten. Klar ist, dass es um neue Ansätze für Nahrungsmittelverpackungen, Transport und Lagerung gehen muss, um die bis 2050 auf circa neun Milliarden wachsende Erdbevölkerung nachhaltig versorgen zu können.

Hier muss es auch einen neuen Ansatz zur Futterwirtschaft geben, denn dies ist mit Sicherheit ein weiteres großes Thema, welches die Nahrungsmittelindustrie in Zukunft angehen muss. Da sich der weltweite Fleischkonsum von 1961 bis heute von 71 Millionen auf 284 Millionen Tonnen pro Jahr erhöht hat, werden in Lateinamerika eher Getreidefelder für die Futterproduktion von Masttieren angelegt, anstatt diese für die Nahrungsmittelversorgung der Menschen in diesem Schwellenland zu nutzen. Bis 2050 soll sich auch der weltweite Fleischverbrauch nochmals verdoppeln (Foß/Klosterhalfen). Dies ist ein Teufelskreis, denn es werden nicht nur die Bodenvorkommnisse für die Nahrungsversorgung von Nutztieren genutzt, sondern die hohe Nachfrage der Tierindustrie nach Getreide, Hafer oder Gersten lässt auch die Preise für diese Grundnahrungsmittel stark steigen. Aber man muss den Blick auf diese Verluste nicht einmal nach Lateinamerika schweifen lassen, denn das Problem der Nahrungsmittelverluste ist auch im Alltag aufzufinden. Mal abgesehen von dem Ressourcenverlust bei der Herstellung der Nahrungsmittel, lässt sich der verschwenderische Umgang mit Lebensmitteln beim bloßen Blick in den eigenen Kühlschrank oder beim Besuch eines Fast-Food-Restaurants entdecken. Der Weg vom Kühlschrank in den Mülleimer ist kurz und so wird teilweise schneller entsorgt als verbraucht. Wenn das Brot nicht ofenfrisch ist oder der Joghurt einen Tag über dem Verfallsdatum, fällt die Entscheidung oft nicht schwer und so landen circa jedes Jahr laut einer Studie des Instituts für Abfallwirtschaft der Universität für Bodenkultur (BOKU) in Wien 100 Euro im Müll (ORF 2008).

Auch anderswo lässt sich dieses „Wegwerf-Syndrom" erkennen. Wurde zum Beispiel im Fast-Food-Restaurant die falsche Sauce ausgegeben, wird diese kurzerhand durch eine neue ersetzt und dann entsorgt. Begründet wird dieses Vorgehen auf persönliche Nachfrage mit dem Argument der Hygiene, obwohl diese 25 ml (McDonalds) sehr sicher und hygienisch einwandfrei verpackt sind. Um gegen dieses alltägliche Phänomen zu kämpfen, organisieren sich immer mehr, meist junge Menschen, und plündern in Nacht und Nebelaktionen die Müllcontainer der Supermärkte. Wie das genau vor sich geht und welchen Nutzen diese Leute verfolgen, soll im nächsten Kapitel geklärt werden.

4. Containern – eine moderne Form der Konsumkritik?

4.1 Was ist Containern?

Unter Containern, auch Dumpstern genannt, versteht man die Entwendung von weggeworfenen Lebensmitteln aus den Entsorgungscontainern von Nahrungsmittelgeschäften und Supermärkten. Bei diesem Vorgang handelt es sich im seltensten Fall um Existenzsicherung, sondern um einen Protest gegen die Überflussgesellschaft der heutigen Zeit. Politisch motivierte junge Menschen angeln in nächtlichen Streifzügen weggeworfene, aber durchaus immer noch essbare Lebensmittel aus den Containern. Dabei vermummen sie sich häufig und stellen so, ausgestattet mit Taschenlampe und großem Rucksack, ein optisches Pendant zu Guerillakämpfern dar. Da Containern in den letzten fünf bis zehn Jahren eine große Anhängerschaft gefunden hat, sind auch die Medien nach und nach auf diese Form des Protests aufmerksam geworden und so entstanden zahlreiche TV-Beiträge, die auch in dieser Abhandlung Grundlage für die Erörterung darstellen. Der Fernsehsender 3sat begleitete zum Beispiel die Mülltaucherin *Teresa* auf ihren Touren, um sich einen Blick über die unorthodoxe der Müllweiterverwertung zu verschaffen. Insgesamt gibt es etliche Beiträge und Interviews, die zum Verständnis seitens der Supermärkte und Nahrungsmittelindustrie für die Aktionen beitragen sollen.

4.2 Ziele des Containerns

Nun stellt sich die Frage, welches Ziel und welchen Zweck diese Menschen verfolgen, die sich dem Kreislauf der Konsumgesellschaft verweigern und mitunter schon jahrelang nicht mehr einkaufen gegangen sind. Gründe dafür gibt es viele, aber einer der wichtigsten ist der Protest gegen die Überflussgesellschaft, die von den Möglichkeiten der Globalisierung zunehmend verwöhnt wird und die ökologischen Folgen dieser Verschwendung bisher nicht ins Auge blicken musste oder wollte. *Falk Beyer*, ein sogenannter „Mülltaucher", klappert mehrmals in der Woche die Container der Magdeburger Discounter und Lebensmittelgeschäfte ab, um sich selbst zu versorgen und das zu verwerten, was andere nicht mehr haben wollten. Zusammen mit anderen Gleichgesinnten gründete der 26-Jährige die „Initiative gegen die Vernichtung von Lebensmitteln", um auf die Problematik aufmerksam zu machen. Er beschwert sich über die „Wegwerfmentalität" und beklagt sich auch darüber, dass die meisten Verbraucher das reichhaltige Angebot und den damit verbundenen Aufwand kaum hinterfragen.

"Abgesehen davon, dass Nahrungsmittel häufig in armen Ländern unter unakzeptablen sozialen Bedingungen produziert werden, ist es auch ökologisch totaler Wahnsinn, all diese Waren erst um den halben Erdball zu transportieren, um sie dann wegzuschmeißen",

so *Falk Beyer* in einem Gespräch mit dem ZDF (Jürgens 2007). Die Mülltaucher sehen in ihrem Tun eine Art der aktiven und nützlichen Konsumkritik. Sie durchbrechen die Kette der Wegwerfgesellschaft durch ihr beherztes Zugreifen und versorgen damit meist nicht nur sich selbst, sondern bringen Lebensmittel, die sie selbst aufgrund der Masse nicht verbrauchen können, zu den städtischen Tafeln oder Volksküchen.
Man muss auch einen Blick darauf werfen, aus welchen Gründen die Lebensmittel entsorgt werden. Zunächst gibt es die, die schlicht und ergreifend abgelaufen sind. Sie werden normalerweise circa zwei Tage vor dem erreichten Haltbarkeitsdatum aus den Regalen sortiert (Interview WDR: 2010). Weitaus weniger verständlich erscheinen Gründe wie verrutsche Etiketten, das Nichteinhalten der strengen Transportstandards oder beschädigte Verpackungen. Die Menschen, die Containern gehen, sehen den Sinn in ihrem Handel auch darin, der konsumorientierten Gesellschaft einen Spiegel vorzuhalten und für mehr Aufklärung zu kämpfen. Dies wollen sie erreichen, indem sie sich zu einem immer schneller und größer werdenden Netzwerk verbinden. In Wien haben sie sich beispielsweise die Straßenzüge untereinander aufgeteilt (Jürgens 2007). In den verschiedensten Großstädten organisieren die Konsumkritiker ihre Beutetouren, um sich später auch via Internet ein Feedback zu geben und Tipps und Tricks auszutauschen. Die „Bestohlenen" selbst, also die Supermarktketten, reagieren in den seltensten Fällen mit Verständnis auf diese Aktionen. Immer mehr Händler haben sich deshalb dazu entschlossen dieser wachsenden Subkultur einen Riegel vorzuschieben und lassen deshalb ihre Abfallanlagen einzäunen und verbarrikadieren. Rechtlich gesehen begehen die Müll-Aktivisten mit jedem Entwenden von abgelaufenen Produkten einen Diebstahl, der

strafrechtlich geahndet werden kann. Die in den TV-Beiträgen gezeigten Personen sehen darin aber kein Hindernis ihr Tun zu fortzusetzen.

Bei aller Kritik an der Nahrungsmittelindustrie kann man ihr den schwarzen Peter bei der tonnenweisen Entsorgung von Verwertbarem jedoch nicht allein zu schieben. Nehme man an, die Supermärkte würden die erst kürzlich abgelaufenen Produkte nicht aussortieren oder ihre nicht mehr verkaufsfähige Ware Bedürftigen zur Abholung bereitstellen. In diesem Fall würden auch sie sich rechtlich strafbar machen. Man kann davon ausgehen, dass, egal ob große oder kleine Supermarktketten, niemand in der Kritik wegen dem Vertrieb von eventuell gesundheitsschädlichen Produkten stehen will. Lieber toleriert man schlechte Publicity durch Ausbeutung von Bauern in Drittweltländern, als das man mit dem Besuch des Gesundheitsamts in Verbindung gebracht werden möchte.

Folglich kann man festhalten, dass das Containern im Großteil der Fälle eine politisch motivierte Lebenseinstellung ist und als Konsumkritik an der Wegwerfgesellschaft, die immer alles jederzeit zur Verfügung haben möchte, gelten kann. Die Mülltaucher selbst sind sich durchaus auch bewusst, dass dies keine Dauerlösung darstellen kann. Doch gibt es in ihren Augen vielleicht den nötigen Anstoß, den die Verbraucher benötigen, um ihren Konsum zu hinterfragen. Denn mit Sicherheit denken die wenigsten daran, welche Transportkosten die Avocado im Einkaufskorb verursacht hat oder wie viel Wasser bei der Herstellung ihres Steaks verbraucht worden sind. In der nun anschließend folgenden Zusammenfassung soll die zu Beginn der Abhandlung aufgestellte These bestätigt werden und ein abschließender Blick auf die heutige Konsumgesellschaft, ihre Folgen und ihre Kritiker geworfen werden.

5. Zusammenfassung

In dieser Zusammenfassung sollen alle Kernbestandteile der Hausarbeit noch einmal rezitiert werden, um ein Fazit ziehen zu können. So konnte die Definition des Begriffs der Kernthematik im zweiten Kapitel eine günstige Voraussetzung zum Verständnis der daraufhin folgenden Abhandlung geben. Um eine Ahnung von den in der Einleitung erwähnten Umweltproblemen zu bekommen, wurden Fakten in Form von alarmierenden Zahlen genannt, die das Ausmaß des konsumorientierten Handelns deutlich machen sollten. Aber der wichtigste Punkt, der in dieser Zusammenfassung zur Sprache kommen soll, ist die in der Einleitung formulierte These, dass Containern als eine moderne Form der Konsumkritik angesehen werden kann. So ist festzuhalten, dass seit es Konsum gibt, auch schon immer die Kritik daran ein fester Bestandteil war. Der französische Schriftsteller und Aufklärer *Denis Diderots* hat wohlmöglich 1772 eine erste Konsumkritik in seinem Essay „Gründe, meinem alten Hausrock nachzutrauern, oder: Eine Warnung an alle die mehr Geschmack als Geld haben" geschrieben. Zu dieser Zeit gab es eigentlich kaum Waren und Güter, die im Überfluss vorhanden waren (Jäckel 2004: 15). Dennoch kritisieren Menschen damals wie heute den Konsum von mutmaßlichen ‚Must-haves'. Genau an diesem Punkt setzt auch das Containern an. Da im vierten Kapitel die Ziele und der Zweck des Containern erörtert wurden, ist es nun möglich, diese These zu verifizieren.

Es wurde herausgefunden, dass das sogenannte „Mülltauchen" nicht aus existentieller Not vollzogen wird, sondern eine bewusste Entscheidung zum Ausstieg aus dem üblichen Kreislauf des Überflusses und anschließenden Wegwerfens ist. Eigentlich alle dieser Überzeugungstäter stehen mit beiden Beinen im Leben, haben ein geregeltes Einkommen und einen festen Wohnsitz und doch wühlen sie nachts im Müll. Diese Tatsachen lassen unweigerlich darauf schließen, dass sie ihre Entscheidung wirklich bewusst treffen, um Veränderungen zu bewirken. Ihre Form der Konsumkritik mag der unkonventionelle Weg sein, aber, wie schon zu Beginn des vierten Kapitels erwähnt, findet er viel Aufmerksamkeit in der Öffentlichkeit und ebenso in unzähligen Internetforen und Blogs.

In Zukunft wird das Containern zwar gewiss kein effektiver und vor allem langfristiger Lösungsansatz für die Probleme der Verwertungskette darstellen, dennoch ist es ein lobenswerter Gedanke. Dieser muss möglicherweise einfach nur einen Schritt weitergedacht werden und auch rechtliche Veränderungen nach sich ziehen, um die Bereitstellung von zwar abgelaufenen aber dennoch genießbaren Lebensmitteln durch die Supermärkte straffrei zu ermöglichen. Man kann also abschließend festhalten, dass diese Abhandlung die Anfangsthese verifizieren konnte.

6. Literaturverzeichnis

Engelhardt, Marc; Steigenberger, Markus 2005: Konsum, Globalisierung, Umwelt. S. 10-13 in: Khor, Martin; Narain, Sunita; Wallach, Lori; Max-Neef, Manfred A. (Hg.): Konsum. Globalisierung.Umwelt. Hamburg: VSA-Verlag

Foß, Jürgen; Klosterhalfen, Mahi o.J.: Welthungerkrise durch Fleischkonsum. <http://www.vebu.de/umwelt/probleme-der-viehwirtschaft/201-welthungerkrise-durch- fleischkonsum> (Stand 05-02-2011)

Jäckel, Michael, 2004: Einführung in die Konsumsoziologie. Fragestellungen – Kontroversen
– Beispieltexte. Wiesbaden: Verlag für Sozialwissenschaften.

Jürgens, Simone 2007: Containern: Gratis-Essen aus dem Müll. <http://sonntags.zdf.de/ZDFde/inhalt/16/0,1872,5250896,00.html?dr=1> (Stand 05-02-2011) Leonard, Annie 2010: The Story of Stuff. Wie wir unsere Erde zumüllen. Berlin: Econ.
Lerchner, Wolfgang 1993: Umweltprobleme durch Abfall. S. 8-9 in: Bardl, Karl et. Al. (Hg.): Abfall ein Umweltproblem unserer Wegwerfgesellschaft. Halle (Saale)

o.V. o.J.: Ernährung, Verpackung, Nachhaltigkeit: Initiative SAVE FOOD gegen weltweite Nahrungsmittelverluste geht an den Start.
<http://www.messe-duesseldorf.de/messe/presse/aktuell/unternehmensnachrichten-43-   4638.php> (Stand 05-02-2011)
o.V. 2008: Lebensmittel. <http://oesterreich.orf.at/stories/288649/> (Stand 05-02-2011) Schiltz, Christoph B. 2009: Wer in Europa wie viel Müll produziert.
<   http://www.welt.de/politik/article3350945/Wer-in-Europa-wie-viel-Muell-produziert.html> (Stand 05-02-2011)

Schneider, Norbert F. 2000: Konsum und Gesellschaft. S. 9-22 in: Schneider, Norbert F. (Hg.): Konsum. Soziologische, ökonomische und psychologische Perspektiven. Opladen: Leske+Budrich.

7. Medienverzeichnis

Sendebeitrag WDR o.V. 2010: Gefundenes Fressen – Leben vom Abfall. <http://www.planet-schule.de/sf/php/02_sen01.php?sendung=7661> (Stand 05-02-2011)

Janine Kowalla

Klimaschutz und Ernährung

2010

1. Einleitung

Die Erde würde ca. 1,2 Jahre brauchen, um die Ressourcen, die die Menschheit in einem Jahr konsumiert, zu reproduzieren. Wir, die Bewohner der Erde, schlagen mehr Holz, als nachwachsen kann, fischen mehr Fische, als das Meer hergeben kann und entlassen mehr Treibhausgase in die Atmosphäre, als die ökologischen Systeme absorbieren können. Durch die erhöhte Konzentration der Treibhausgase in der Atmosphäre kommt es zu Wetterextremen wie Überflutungen, Wirbelstürmen, Dürreperioden, Luftverschmutzung, Desertifikation und Wasserverunreinigungen.[25] Dabei trägt die Landwirtschaft direkt mit ca. 10-12% zu den weltweiten Treibhausgasemissionen bei. Hinzu kommen die indirekten Emissionen, welche z.B. bei der Umwandlung von Landflächen für die Landwirtschaftliche Nutzung, durch Düngerherstellung und durch Aktivitäten auf den landwirtschaftlichen Höfen entstehen.[26]

In der vorliegenden Arbeit soll insbesondere auf die Problematik der durch die Herstellung von Nahrungsmitteln zurückzuführende Emission von Treibhausgasen in die Atmosphäre eingegangen werden. Dabei wird ausschließlich auf die landwirtschaftliche Produktion eingegangen. Die Erzeugung von Getränken, Honig, Fischprodukten u.Ä. bleibt unberücksichtigt. Die Vorgehensweise ist deduktiv und beruht auf Fachliteratur.

Zunächst wird im Grundlagenkapitel die Problematik der Ernährung einer immer wachsenden Weltbevölkerung sowie der Treibhausgasemission durch die Landbewirtschaftung erläutert. Im Hauptteil dieser Arbeit wird auf die jeweilige Klimarelevanz verschiedener Landbewirtschaftungsmethoden, der Verarbeitung der landwirtschaftlichen Produkte, deren Transport sowie die Handhabung der Lebensmittel im Haushalt eingegangen. Im Anschluss werden Lösungsansätze aufgezeigt sowie die sozial-ökonomischen Faktoren erläutert, welche die Lösung dieser Probleme erschweren. Zum Abschluss der Arbeit wird in Form eines Fazits ein Überblick über die in der Arbeit gewonnenen Erkenntnisse gegeben.

---

[25] vgl. Jäger, S. 29 f.
[26] vgl. Koerber et. al., 2008, S. 12f.

2. Wachsende Weltbevölkerung und Klimawandel

Zwar weichen die Absolutwerte für das vorhergesagte Bevölkerungswachstum zum Teil erheblich voneinander ab, jedoch gehen die meisten Voraussagen von einer Weltbevölkerung von ca. 9 Milliarden Menschen im Jahr 2050 aus[27], im Jahr 2100 eventuell sogar von 11 oder 12 Milliarden Menschen, im Vergleich zur heutigen Bevölkerungszahl von ca. 7 Milliarden Menschen.[28] Bei diesen Berechnungen wird im Wesentlichen eine Fortsetzung von gegenwärtigen Trends angenommen. Nach diesen Prognosen wird die Bevölkerungszunahme fast allein in den Entwicklungsländern, vor allem in Asien und Afrika, stattfinden.[29] Schon heute leidet jeder siebte Mensch an Hunger und Armut, das heißt, dass eine Milliarde Menschen nicht genug zu essen haben. Die nachhaltige Produktion von Nahrungsmitteln zur Sicherung der Ernährung der Weltbevölkerung ist die zentrale Aufgabe der Agrarproduktion. Um diese Aufgabe erfüllen zu können, müsste das weltweit verfügbare Angebot an Nahrungsmitteln bis 2050 um mindestens 70 Prozent steigen.[30]

Das Bevölkerungswachstum hat auch Einflüsse auf das Klima der Erde. Seit einigen Jahren wird es immer deutlicher, dass es die menschlichen Einflüsse sind, die sehr große Klimaänderungen in sehr kurzer Zeit verursachen. So kommt es zu Überflutungen, Wirbelstürmen, Dürreperioden, Luftverschmutzung, Desertifikation und Wasserverunreinigungen.[31] Fast die Hälfte der Landoberfläche der Erde wurde durch den Menschen verändert, woraus große Konsequenzen für die Biodiversität, die Bodenstruktur und damit für die Fruchtbarkeit der Böden und das Klima resultieren.[32] Die Menschheit nutzt momentan bereits ca. die Hälfte der weltweit verfügbaren Netto-Photosynthesekapazität, also den Überschuss aus der Fähigkeit der Pflanzen, Sonnenenergie zu speichern. Dieser wird von der Menschheit für ihre Zwecke genutzt, vor allem für den Anbau von bestimmten Pflanzen als Nahrungsmittel als auch für die Nutzung von Pflanzen in Grünanlagen oder für die Ernährung von Nutztieren sowie als Biomasse für die Gewinnung von Energie. Wird auf gleichem Niveau weitergemacht, wird bis 2050 fast die gesamte Netto-

---

[27] vgl. Hahlbrock, S.246.

[28] vgl. Jäger, S. 32.

[29] vgl. Hahlbrock, S. 246 ff.

[30] vgl. Bundesministerium für Ernährung, Landwirtschaft und Verbraucherschutz: S. 1.

[31] vgl. Jäger, S. 29 f.

[32] vgl. Jäger, S. 87.

Photosynthesekapazität durch den Menschen beansprucht sein, was eine Nutzung für weitere Lebensformen, aus denen die Menschen keinen Nutzen ziehen, unmöglich macht.[33][9] Es ist davon auszugehen, dass die landwirtschaftliche Nutzung der Erdoberfläche bereits jetzt nah an der Belastungsgrenze der verbleibenden Biosphäre steht, wenn diese nicht sogar bereits überschritten wurde.[34]

Seit 1950 nimmt das Aussterben von Tier- und Pflanzenarten drastisch zu. Es wird geschätzt, dass das Aussterben tausendmal schneller vorangeht als in früheren geologischen Perioden. Feuchtgebiete in Küstenregionen sind durch den Menschen verändert worden und auch die Hälfte der Mangrovenwälder wurde zerstört.

Ebenso wurde der Stickstoff-, der Kohlenstoff- und der Phosphorkreislauf der Erde durch menschliche Aktivitäten, wie zum Beispiel die Verbrennung fossiler Energieträger oder Massentierhaltung, verändert.[35] In der vorliegenden Arbeit soll auf die aus der Landwirtschaft resultierende Veränderungen des Kohlenstoffkreislaufes, also auf den anthropogenen (durch Menschen verursachten) Treibhauseffekt eingegangen werden. Denn die Konzentration von Kohlendioxid (CO_2) in der Atmosphäre hat in den letzten Jahrzehnten deutlich zugenommen. Dabei ist Kohlendioxid ein an sich ungefährlicher Stoff der seit Jahrmillionen natürlicher Bestandteil der Atmosphäre ist. Es ist das wichtigste klimarelevante Gas und erst durch seine Funktion als Wärmespeicher in der Atmosphäre konnte überhaupt erst Leben auf der Erde entstehen. Die kurzwelligen Sonnenstrahlen durchdringen ungehindert dieses Gas und werden nach Auftreffen auf der Erde in langwellige Strahlen umgewandelt. Diese langwelligen Strahlen werden von Kohlendioxid und anderen Treibhausgasen in der Atmosphäre absorbiert. (siehe Abbildung 1) Daher bleibt ein Teil dieser Wärme der Erde erhalten und die Erdtemperatur beträgt im Mittel ca. +15°C statt -18°C ohne den Treibhauseffekt.[36]

---

[33] vgl. Radermacher, S. 63 f.

[34] vgl. Hahlbrock, S. 37.

[35] vgl.Jäger, S. 36.

[36] vgl. Jäger, S. 87.

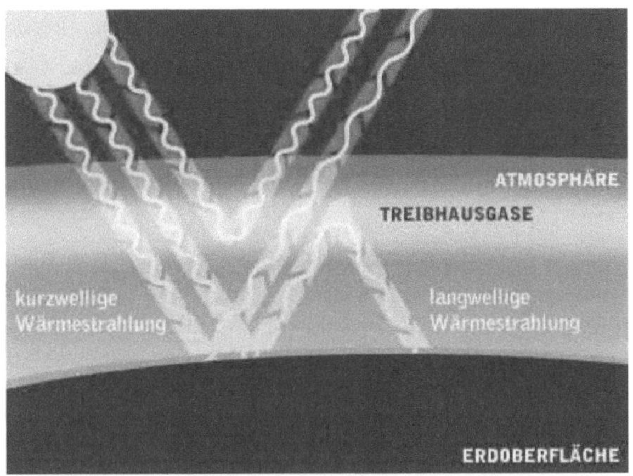

Abbildung 1: Schematische Darstellung Treibhauseffekt [37]

Doch der CO2-Gehalt der Atmosphäre ist in den letzten Jahrzehnten kontinuierlich gestiegen. Dies konnte durch Messungen, die in den vergangenen 50 Jahren gemacht wurden, festgestellt werden. Mit Hilfe von Bohrungen im Eis der Antarktis konnten sogar die Kohlendioxidkonzentrationen der letzten 420.000 Jahre ermittelt und dadurch die Entwicklung des CO2-Gehaltes der Atmosphäre über diesen langen Zeitraum festgestellt werden. Dabei kam heraus, dass durch die menschlichen Aktivitäten der letzten Jahrzehnte die Konzentration von Kohlendioxid weit über das durchschnittliche natürliche Niveau der letzten 420.000 Jahre gestiegen ist. Grund hierfür ist vor allem die Verbrennung von enormen Mengen fossiler Energieträger wie Kohle, Erdöl und Erdgas. Dadurch setzte die Menschheit in den letzten Jahrzehnten große Mengen von Kohlendioxid frei, die vorher fest gebunden in der Erde lagerten. Ebenso trägt das Abholzen großer Wälder zum Anstieg des Kohlendioxid-Gehalts in der Atmosphäre bei, denn dadurch wird der im Holz gespeicherte Kohlenstoff frei, entweder durch Verbrennung oder durch Verrottung des Holzes. Auch weitere klimaschädliche Gase werden durch das Verhalten des Menschen in die Atmosphäre abgegeben. So zum Beispiel Methan: Dieses Gas erzeugt einen noch viel stärkeren Treibhauseffekt und wird vor allem durch Viehzucht, Reisanbau und Mülldeponien in die Atmosphäre abgegeben.

All diese durch den Menschen verursachten Emissionen von Treibhausgasen steigen mit dem Wachstum der Weltbevölkerung und der Wirtschaft sowie dem

---

[37] Eisbrenner, www.das-energieportal.com.

durch die Globalisierung verstärkten Handel an. Die nicht nachhaltigen Lebensstile und die auf fossile Energieträger fokussierte Energiepolitik sind also verantwortlich für die Anreicherung der Atmosphäre mit diversen Treibhausgasen und die Verstärkung des Treibhauseffektes. Resultierend daraus steigt die Erdtemperatur.[38] Von der in den letzten 100 Jahren beobachteten Erderwärmung von insgesamt 0,8°C wurden ca. 0,6°C durch menschliches Handeln verursacht. Die durch das Wirtschaften der Menschheit verursachten Änderungen der Treibhausgasemissionen verursachen schon jetzt einmalige Veränderungen des Energiehaushaltes der Atmosphäre und haben in den letzten Jahrzehnten zu einer weltweiten Häufung von Wetterextremen geführt.[39]

Die Ernährung der Menschheit trägt erheblich zum Ausstoß von Treibhausgasen bei, von der Landwirtschaft über den Handel bis zum Haushalt. Wenn auch die Hauptquelle der gesamten anthropogenen Treibhausgasemissionen die Verbrennung fossiler Energieträger ist, verursachen nicht-energiebezogene Emissionen etwa ein Drittel der weltweiten Treibhausgasemissionen. Dabei trägt die Landwirtschaft direkt mit ca. 10-12% zu den weltweiten Treibhausgasemissionen bei. Hinzu kommen die indirekten Emissionen, welche z.B. bei der Umwandlung von Landflächen für die landwirtschaftliche Nutzung, durch Düngerherstellung und durch Aktivitäten auf den landwirtschaftlichen Höfen entstehen.[40]

---

[38] vgl. Jäger, S. 90 ff.

[39] vgl. Jäger, S. 38.

[40] vgl. Koerber et. al., 2008, S.12 f.

3. Die Klimarelevanz der landwirtschaftlichen Flächennutzung

Das Bedürfnisfeld Ernährung hat in Deutschland einen Anteil von ca. 20% am Gesamtausstoß von Treibhausgasen. Dabei stammen etwa die Hälfte aller ernährungsbedingten Emissionen aus der Landwirtschaft, davon wiederum der größte Anteil aus der Produktion tierischer Nahrungsmittel. Auch der Handel und der Transport sowie die Verpackung sind für einen bedeutenden Anteil des Treibhausgasausstoßes verantwortlich. Die Verarbeitung in Industrie und Handwerk hingegen fällt kaum ins Gewicht der Klimabilanz der einzelnen Lebensmittel. Allerdings schlägt der individuelle Umgang mit den Lebensmitteln, also durch Kühlung, Zubereitung, Spülen und Einkaufsfahrten mit dem Auto mit ca. einem Drittel der Treibhausgasemissionen des Bedürfnisfeldes Ernährung zu Buche.[41] Um hierüber einen differenzierten Überblick zu vermitteln, werden in den folgenden Abschnitten zunächst einmal die unterschiedlichen Lebensmittel und deren Klimarelevanz genauer betrachtet. Dazu findet eine Unterteilung in tierische und pflanzliche Produkte sowie deren Gewinnung auf konventionelle und ökologische Weise statt. In den Abschnitten 4 bis 6 soll ferner auf die Verarbeitung, den Transport sowie die Handhabung der Lebensmittel im Haushalt eingegangen werden.

3.1 Klimarelevanz tierischer Nahrungsmittel

Die Treibhausgasemission bei der Erzeugung tierischer Nahrungsmittel ist wesentlich höher als bei der Produktion pflanzlicher Lebensmittel. Die Viehhaltung ist weltweit für ca. 18% der Treibhausgasemissionen verantwortlich und emittiert damit mehr als der gesamte globale Transportsektor. Dabei ist vor allem der höhere Energieverbrauch, zumeist aus fossilen Energieträgern, bei der Erzeugung tierischer Lebensmittel für die stärkere Klimabelastung verantwortlich. Dabei fordert einerseits die Produktion von Futterpflanzen Energie, vor allem bei der Herstellung von mineralischen Stickstoffdüngern, und andererseits wird auch bei der Tierhaltung selbst Energie verbraucht. Dabei ist zu beachten, dass die in den Futterpflanzen enthaltene Nahrungsenergie sich nur zu einem geringen Teil in den tierischen Lebensmitteln wiederfindet. Grund

---

[41] vgl. Koerber et. al., 2007, S. 130.

hierfür ist, dass die Tiere diese Energie größtenteils für die Aufrechterhaltung ihres Stoffwechsels verwenden. Dadurch gehen ca. zwei Drittel oder sogar mehr der Futterenergie verloren, so dass ein Vielfaches an (Futter-)Pflanzen für die Erzeugung tierischer Lebensmittel als für die gleiche nahrungs- energetische Menge an pflanzlichen Nahrungsmitteln erforderlich ist. Schon allein daher verbraucht die Herstellung tierischer Produkte wesentlich mehr Energie und erzeugt folglich mehr Treibhausgase als die Herstellung pflanzlicher Lebensmittel. Eine Ausnahme bildet hier der Nassreisanbau, welcher erhebliche Mengen an Methan emittiert. Neben Kohlendioxid werden aber auch bei der Tierhaltung andere klimaschädliche Gase in die Atmosphäre abgegeben. So entstehen Lachgas und Methan während der Lagerung von Dung in Form von Stallmist, Gülle und Jauche. Bei Wiederkäuern kommt noch der zusätzliche Methanausstoß durch den mikrobiellen Abbau der Nahrung in deren Mägen hinzu.[42] Jedoch ist die Haltung von Wiederkäuern nicht nur negativ zu betrachten, denn zum einen sind sie keine Nahrungskonkurrenten der Menschen[43], zum anderen bietet deren Haltung die einzige Möglichkeit, das Gras der Grünlandflächen, die beispielsweise in Deutschland ca. ein Drittel der landwirtschaftlichen Flächen ausmachen, zu nutzen und dabei auch noch hochwertige Lebensmittel wie Fleisch und Milch zu produzieren. Diese extensive Haltungsform erfordert einen geringen Energieaufwand, da kaum Kunstdünger eingesetzt werden und die Futtermittel direkt aus der Region stammen. Daher ist sie im Bezug auf die Treibhausgasemissionen deutlich günstiger einzuschätzen als intensive Haltungssysteme, in denen ein hoher Anteil an Kraftfutter aus Getreide und Hülsenfrüchten eingesetzt wird, welches unter Umständen von weit her importiert wurde und unter Einsatz von Stickstoffdüngern produziert wurde.[44]

---

[42] vgl. Koerbert et al., 2007, S. 132 f.

[43] vgl. Koerber et al., 2008, S. 22.

[44] vgl. Koerbert et al., 2007 S. 133.

3.1.1. Konventionelle Tierhaltung zur Lebensmittelgewinnung

Die industrielle Produktion von Fleisch hat viele ökologische Folgen. Diese ergeben sich sowohl bei den Inputfaktoren wie z.B. bei der Futtermittelproduktion als auch bei den Outputfaktoren, wie z.B. dem Beitrag der Viehhaltung zum anthropogenen Treibhauseffekt. Auch ist es energetisch nicht sehr effizient, die in den Futterpflanzen gespeicherte Sonnenenergie über den Umweg der Pflanzen fressenden Tiere zu nutzen. So wird für konventionell erzeugtes Rindfleisch etwa zwölfmal so viel Primärenergie verbraucht wie Nahrungsenergie darin enthalten ist. Die größten ökologischen Probleme der industriealisierten Fleischproduktion sind der hohe Flächenbedarf für den Anbau von Futtermitteln, die Überdüngung von Böden und Gewässern sowie der Pestizideinsatz, welcher durch seine Rückstände direkte negative Folgen für die Lebensmittel, die Böden und das Grundwasser hat. Hinzu kommen die qualvollen Lebensbedingungen für die Tiere durch Massentierhaltung, der Einsatz von Antibiotika und Gentechnik im Futter sowie die Steigerung des Transportaufkommens durch Zentralisierung von Produktions-, Schlacht- und Verarbeitungsbetrieben.

Wird der gesamte Ernährungssektor, inklusive Verarbeitung, Transport und Zubereitung, betrachtet, so zeigt sich, dass der Fleischsektor, inklusive der Milchwirtschaft, für den größten Teil der Klimabelastung verantwortlich ist. Als Beispiel: In Deutschland betrug der Anteil der Landwirtschaft im Jahr 1991 52 Prozent der im Bereich „Landwirtschaft und Ernährung" emittierten CO_2-Äquivalenten[45], allein 44 Prozentpunkte fielen dabei auf die Tierproduktion. Dies ist einerseits auf den hohen Verbrauch an Primärenergie aus fossilen Energieträgern zurückzuführen, andererseits auf die Methanemissionen durch die Verdauung von Wiederkäuern sowie die Gülleseen aus der Massentierhaltung. Zusätzlich stellen global die Emissionen aus der Brandrodung zur Gewinnung von Weideflächen oder Flächen für den Futtermittelanbau, wovon vor allem die tropischen Regionen betroffen sind, ein Problem dar.[46] Die Rinderhaltung auf der Erde umfasst ca. 1,3 Milliarden Tiere und trägt ca. genauso stark zu

---

[45] CO_2-Äquivalente bezeichnet ein Maß, das das Treibhauspotenzial eines Gases als Vielfaches des Treibhauspotenzials von CO_2 über einen Zeitraum von hundert Jahren angibt. (vgl. Fritsche/ Eberle, S. 5).
[46] vgl. Astleithner, S.153 f.

Treibhausgasemissionen bei wie der gesamte Autoverkehr.[47] Insgesamt ist zu sagen, dass die Wertschöpfungskette von Rindfleisch im Vergleich zu Geflügel- und Schweinefleisch eine wesentlich höhere Emission von Klimagasen verursacht. Grund hierfür ist vor allem die Methanfreisetzung bei der Rinderhaltung.[48]

3.1.2.Ökologische Tierhaltung zur Lebensmittelgewinnung

Bei der ökologischen Tierhaltung wird weniger Energie verbraucht, als bei der konventionellen. Das liegt am geringen Energieverbrauch bei der ökologischen Futtermittelgewinnung unter Verzicht auf den Einsatz von Kunstdüngern im Vergleich zur Herstellung von Kraftfutter. Jedoch lässt sich nicht pauschal beantworten, wie viele Treibhausgase durch die ökologische Tierhaltung im Vergleich zur konventionellen produziert werden. Insgesamt hängt das Treibhauspotenzial von vielen Faktoren wie z.B. der Futterqualität, Düngermanagement und der Lebenszeit der Milchkühe ab. Die Datenbank Global Emissions-Modell Integrierter Systeme (GEMIS), die vom Öko-Institut Freiburg entwickelt wurde, gibt für verschiedene Lebensmittel die Treibhauswirkung an.[49] Nach GEMIS schneidet Fleisch aus ökologischer Landwirtschaft bei den Treibhausgasemissionen durchweg besser ab als Fleisch aus konventioneller Tierhaltung. Die Einsparungen entlang der gesamten Wertschöpfungskette liegen dabei zwischen 5% bei Schweinefleisch und 15% bei Rindfleisch.[50] [26] Auch bei Milchprodukten und Eiern ließen sich nach GEMIS leichte Vorteile von Produkten aus ökologischer Landwirtschaft gegenüber Produkten aus konventioneller Landwirtschaft bezüglich der Treibhausgasemissionen feststellen.[51]

---

[47] vgl. Schlumberger, S. 126.

[48] vgl. Fritsche, Eberle, S. 6.

[49] vgl. Koerber et al., 2008, S. 16.

[50] vgl. Fritsche/Eberle, S. 6.

[51] vgl. Fritsche / Eberle, S. 7 f.

3.2 Klimarelevanz pflanzlicher Nahrungsmittel

Im Durchschnitt ist das Treibhauspotenzial pflanzlicher Lebensmittel nur etwa ein Zehntel so hoch wie das von tierischen Produkten.[52] Zu unterscheiden sind Pflanzen, die im Freiland angebaut wurden und Pflanzen aus dem Gewächshaus. Beispielsweise können die Emissionen beim mit fossiler Energie beheizten Gewächshausanbau in Großbritannien um den Faktor 100 höher liegen als beim Anbau im Freiland in Südeuropa.[53] Daher ist der Obst- und Gemüseanbau in der Saison im Freiland weniger klimabelastend als der Anbau in Gewächshäusern oder unter Folientunneln.[54] Im den beiden folgenden Abschnitten soll insbesondere auf die Unterschiede zwischen dem konventionellen und dem biologischen Freilandanbau eingegangen werden.

3.2.1 Konventioneller Pflanzenanbau zur Lebensmittelgewinnung

Mit Einsatz von schweren Maschinen, mineralischem Kunstdünger und chemischen Pflanzenschutzmitteln gelang es der Landwirtschaft, ein Vielfaches dessen aus den Böden zu holen, was über Jahrhunderte als absolutes Limit angesehen wurde. Hunger aufgrund von Missernten galt als besiegt. Es wurde jedoch lange Zeit lang übersehen, dass diese intensive Form der Landwirtschaft die Böden überstrapaziert. So wurden viele Tier- und Pflanzenarten verdrängt und auch die Folgen für die Menschen machten sich bemerkbar, denn in Deutschland sind seit 1970 ca. zwei Drittel der Arbeitsplätze in der Landwirtschaft abgebaut worden.[55]

Diese Intensive Form der Landwirtschaft verstärkt den anthropogenen Treibhauseffekt. Der Einsatz von Stickstoffdüngern führt zu hohen Energieverbräuchen und damit auch zu einem hohen CO_2-Ausstoß im konventionellen Pflanzenbau. Der übermäßige Einsatz dieser Kunstdünger führt zur Eutrophierung (Überdüngung) der Böden. Auch wird in der konventionellen Landbewirtschaftung der Humus in den Böden abgebaut. Dabei geht nicht nur

---

[52] vgl. Koerbert et al., 2008, S. 15

[53] vgl. Koerbert et al., 2008, S. 15.

[54] vgl. Koerber et al., 2007, S. 134.

[55] vgl. Schlumbeger, S. 123.

die Fähigkeit der Böden, Stickoxide zu binden, verloren, sondern sie setzen die bereits gebundenen Stickoxide frei. Die übermäßige Düngung führt also auf zwei Wegen zur Emission von Treibhausgasen.[56]

3.2.2.Ökologischer Pflanzenanbau zur Lebensmittelgewinnung

Systemvergleiche ergaben, dass ökologische Betriebe für den Pflanzenanbau deutlich weniger Energie pro Hektar benötigen, je nach Untersuchung etwa die Hälfte oder sogar nur ein Drittel im Vergleich zum konventionellen Pflanzenbau. Entsprechend sind die Treibhausgasemissionen ökologischer Betriebe geringer als bei konventionellen. Grund hierfür ist der Verzicht auf mineralische Stickstoffdünger, da diese nicht zugelassen sind. Stattdessen erfolgt die Stickstoffzufuhr in den Boden durch den Anbau bestimmter Pflanzen, den so genannten Futter-Leguminosen, wie Kleegras und Luzerne, welche als Zwischenfrucht für die Gründüngung dienen. Diese Art der Düngung ist natürlicherweise durch die Abbau- und Verwertungskreisläufe des Bodens begrenzt. Auch ist die Düngung mit Stallmist und Gülle begrenzt, da die Anzahl der Tiere, die gehalten werden darf, flächenmäßig geregelt ist. Daher ist der Ausstoß von Lachgas, welches ein Abbauprodukt von organischen Stickstoffdüngern darstellt, im ökologischen Landbau deutlich geringer als im konventionellen. Neben den Emissionen eines Anbausystems ist auch die Fähigkeit der landwirtschaftlich genutzten Fläche, Kohlenstoff zu binden, ein Kriterium für die Klimarelevanz für einen landwirtschaftlichen Betrieb. Je humushaltiger der Boden ist, desto mehr CO_2 kann er binden. Die Futter-Leguminosen, die zur natürlichen Düngung angebaut werden und auch der Stallmist, der aufgrund der Regelungen für den ökologischen Landbau auch Teile der Einstreu, meist Stroh, enthält, fördern die Humusbildung in den Böden. Daher sind die Böden ökologisch bewirtschafteter Betriebe humushaltiger und haben somit eine höhere Fähigkeit, der Atmosphäre CO_2 zu entziehen

Aufgrund der flächenmäßig geringeren Erträge des ökologischen Landbaus, welche auf die geringere Stickstoffzufuhr in die Böden zurückzuführen ist, werden die Treibhausgasemissionen nicht nur auf die Fläche, sondern auch auf

---

[56] vgl. Koerber et al., 2007, S. 133 f.

die erzeugte Produktmenge bezogen. Trotzdem fallen die Emissionen auf die erzeugte Menge bezogen im Durchschnitt niedriger als im konventionellen Landbau aus.[57]

---

[57] vgl. Koeber et al., 2007, S. 133 f

4. Die Klimarelevanz der Verarbeitung landwirtschaftlicher Produkte

Viele Lebensmittel werden weiterverarbeitet, entweder aus Gründen der Haltbarmachung oder zur Herstellung anderer Produkte mit verändertem Geschmack oder anderen Verwendungsmöglichkeiten. Bei diesen Vorgängen sind die energiebezogenen Treibhausgasemissionen bedeutsam. Besonders, wenn die Verarbeitung mit Erhitzungs- oder Kühlprozessen verbunden ist, wird sehr viel Energie verbraucht.

Tiefgekühlte Lebensmittel benötigen nicht nur bei Ihrer Herstellung, sondern auch zur Aufrechterhaltung der Kühlkette über den gesamten Transportweg und der Lagerung große Energiemengen. Besonders hoch ist der Energieverbrauch für die Lagerung von tiefgekühltem Obst und Gemüse im Verhältnis zur aufgebrachten Energiemenge beim Anbau. Beispielsweise verursachen tiefgekühlte Pommes im Durchschnitt 31-mal mehr CO_2-Äquivalente als frische Kartoffeln. Bei tierischen Nahrungsmitteln spielen die Lagerung und die Weiterverarbeitung in der Gesamtemissionsbilanz eine untergeordnete Rolle, da die Emissionen aus der Viehhaltung bereits sehr hoch sind.

Daher sind wenig verarbeitete Lebensmittel weniger Klimabelastend als stark verarbeitete Produkte.[58]

---

[58] vgl. Koerber/ Kretschmer, 2009, S. 282 f.

5. Die Klimarelevanz des Transportes

Insgesamt werden nur ca. 3 Prozent der Energie, die bei der Erzeugung von Lebensmitteln anfällt, durch den Transport auf Straßen und Schienen verursacht. Das mag überraschen, wenn man allein an das LKW-Aufkommen auf deutschen Straßen denkt. Jeder Verarbeitungsschritt kann große Reisen mit sich bringen. So machte vor einigen Jahren ein Erdbeerjoghurt Schlagzeilen, dessen Zutaten insgesamt 9.115 km zurücklegten, bis er im Supermarkt im Regal stand[59]. Zu diesen immensen Transportwegen kommt es einerseits durch die zunehmende Verarbeitung der Lebensmittel in verschiedenen Betrieben, also durch die Verringerung der Fertigungstiefe, andererseits durch die deutschland- und europaweite Konzentration von bestimmten Verarbeitungsbetrieben, wie z.B. Mühlen, Molkereien und Schlachthöfe.[60]

Aber auch Produkte, die wenig verarbeitet werden, haben oft eine lange Reise hinter sich, bis sie in den Einzelhandel gelangen. Beispielsweise werden Nordseekrabben zum Puhlen nach Marokko gefahren, um dann später wieder auf dem deutschen Markt verkauft zu werden.

Transportwege wirken sich umso stärker auf die Klimabilanz der Lebensmittel aus, je schwerer und voluminöser die Produkte sind. So werden bei Obst und Gemüse etwa 15% der Erzeugungsenergie durch den Transport verursacht. Grund dafür, dass hier der Transport so stark ins Gewicht fällt, ist auch, dass vergleichsweise geringe Emissionen bei der Produktion dieser Nahrungsmittel anfallen. Betrachtet man den Anteil der Transportemissionen von Tiefkühlhähnchen oder Frischmilch, fällt dieser mit 2% relativ gering aus – eben weil die Produktion aufgrund des hohen Energieaufwandes bereits sehr viele Treibhausgasemissionen verursacht hat.[61]

Noch stärker ins Gewicht als die Transporte mit der Bahn und dem LKW fallen Transporte mit dem Flugzeug. Diese sind extrem klimaschädlich, da Flugzeuge

---

[59] vgl. Goldmann/Poeppelmann, S. 57 f.

[60] vgl. Koerber et al., 2007, S. 134.

[61] vgl. Eberle / Fritsche, S. 10.

eine geringe Energieeffizienz aufweisen und ihre Emissionen in großer Höhe entstehen.[62] In ca. 9.000 bis 12.000 Metern Höhe werden die Abgase der Flugzeuge in den empfindlichsten Bereich des Klimageschehens injiziert. Die Schleierwolken, auch Zirruswolken genannt, die sich aus Eis an den verbrannten Kerosinpartikeln bilden, behindern stark die Wärmeabstrahlung der Erde und verstärken damit die Klimawirkung des Flugverkehrs. Hinzu kommt, dass die in den Abgasen enthaltenen Stickoxide das stratosphärische Ozon zerstören.[63]

Beispielsweise sind die Treibhausgasemissionen von Erdbeeren aus Chile ca. 500-mal so hoch wie die von deutschen Erdbeeren. Verallgemeinernd kann gesagt werden, dass Flugware aus Übersee im Durchschnitt etwa 90-mal so viel Energie verbraucht wie die heimische Variante, während es beim Schiffstransport etwa 11-mal so viel ist. Unter Berücksichtigung des Transportaspektes ist es daher ratsam, regionale Produkte beim Kauf den Produkten aus entfernten Ländern vorzuziehen.[64] Aber auch Einkaufsfahrten mit dem Auto können die gute Klimabilanz eines Nahrungsmittels zunichtemachen. Beispielsweise werden bei einer Fahrt von einem Kilometer mit einem Mittelklassewagen werden genauso viele klimaschädliche Gase freigesetzt wie beim Anbau und Handel von einem Kilogramm Frischgemüse. Wer klimaschonend einkaufen möchte, sollte auf öffentliche Verkehrsmittel umsteigen oder auf die klimaneutrale Fortbewegung mit dem Fahrrad oder zu Fuß setzen.[65]

---

[62] vgl. Koerber et al., 2007, S. 134

[63] vgl. Schlumberger, S. 109 f.

[64] vgl. Goldmann/Poeppelmann, S. 57 f.

[65] vgl. Koerber / Kretschmer, 2007, S. 217

6. Die Handhabung unserer Lebensmittel im Haushalt

Wenn die Nahrungsmittel endlich in den Haushalten angekommen sind, besteht noch weiteres Potenzial, deren CO2-Bilanz niedrig zu halten. Zum einen bei der Lagerung, also vor allem dem Kühlen der Lebensmittel, zum anderen bei der Zubereitung, also vor allem beim Kochen der Lebensmittel. Dieser Abschnitt soll dazu dienen, einen möglichst effektiven Umgang mit Energie bei der Handhabung der Lebensmittel im Haushalt zu beschreiben.

Kühlschränke produzieren eigentlich gar keine Kälte, sondern sie pumpen die Wärme der Speisen aus dem Inneren in die Umgebung. Dabei arbeiten sie gegen die Außentemperatur an. Da Kühlgeräte in den meisten Haushalten ununterbrochen in Betrieb sind, wirken sich hier auch kleinste Einsparungen erheblich aus. Denn Kühl- und Gefriergeräte gehören zu den größten Stromabnehmern im Haushalt. Bis zu einem Drittel der Stromkosten werden von ihnen erzeugt. Daher sollten Kühlschränke dem Bedarf des Nutzers entsprechen. Für jede Person im Haushalt reicht ein Volumen von ca. 40 bis 50 Litern. Die Temperatur sollte auf +7 bis +8°C eingestellt s ein. Zudem sollte der Kühlschrank an einem möglichst kühlen Platz stehen, denn pro 1°C Temperaturunterschied werden 6% Energie gespart . Ordnung im Kühlschrank verkürzt die Such- und damit die Öffnungszeiten der Tür. Gefriertruhen kommen im Vergleich zu Gefrierschränken mit etwa 15% weniger Energie aus – bei gleichem Volumen. Daher ist es sinnvoll, anstelle von einer Kühl-Gefrierkombination einen einzelnen Kühlschrank und zusätzlich eine Gefriertruhe anzuschaffen.

Gefriertruhen und -schränke sollten regelmäßig abgetaut werden, denn eine dicke Eisschicht erhöht den Energieverbrauch dieser Geräte. Werden die Geräte nicht benötigt, beispielsweise im Urlaub, sollten sie außer Betrieb gesetzt werden.[66] Seit einigen Jahren müssen Haushaltsgeräte die Angabe einer Energieeffizienzklasse aufweisen: Von A+++ als günstigste bis weiter alphabetisch G, als ungünstigste Energieeffizienzklasse. Da bei der Energie-Lebensbilanz eines Kühlschrankes der größte Energieverbrauch auf seine Nutzung entfällt[67], ist es häufig sinnvoll, alte, weniger energieeffiziente Geräte, durch neue Geräte auszutauschen. Beispielsweise beginnt beim Austausch eines

---

[66] vgl. Schlumbeger, S. 30 f
[67] vgl. Koerber/ Kretschmer, 2009, S. 283.

alten, ca. 10 Jahre alten Gerätes die Nettoumweltentlastung nach ca. 190 Tagen, geht man von einer Energieeinsparung von 0,7 kWh pro Tag aus. Denn zur Herstellung eines neuen Kühlschrankes werden in etwa 1.200 kWh Primärenergie verbraucht. Wenn man von einer durchschnittlichen Nutzungsdauer von 15 Jahren ausgeht, würde man durch die vorzeitige Entsorgung etwa 400 kWh (für die eigentlich noch verbleibende Nutzungsdauer von 5 Jahren) reinholen müssen, bis die vorzeitige Neuanschaffung tatsächlich zu einer Einsparung von Treibhausgasemissionen führt. Da man davon ausgehen kann, dass im Kraftwerk etwa die dreifache Menge an Primärenergie eingesetzt wurde, um den Strom zu erzeugen, der letztendlich im Haushalt ankommt, was einem Wirkungsgrad von einem Drittel entspricht, kommt es nach ca. 190 Tagen zu einer Entlastung der Umwelt durch den Betrieb des neuen Kühlschrankes.[68]

Auch beim Kochen gibt es Möglichkeiten, durch Einhaltung einiger Regeln viel Energie und damit die Emissionen von Treibhausgasen einzusparen. Denn mit rund 17% des gesamten Strombedarfs eines Durchschnittshaushaltes gehören Herd und Ofen zu den größten Energieverbrauchern im Haushalt. Der Elektroherd mit gusseisernen Platten verbraucht unter allen Herdvarianten die meiste Energie. Herde mit Glaskeramikfeldern sparen im Vergleich immerhin ca. 10% Energie ein, Induktionsherde schaffen eine Verbrauchssenkung von ca. 20%, während ein Gasherd sogar 60% an Energieeinsparung ermöglicht. Relevant für den Energieverbrauch ist auch die Handhabung des Kochgeschirrs. Es sollte immer genau zur Herdplatte passen. Wenn die Herdplatte nur 1-2 Zentimeter größer ist als der Topf oder die Pfanne, gehen bis zu einem Drittel der Hitze verloren. Ab ca. einer zwanzigminütigen Garzeit lohnt es sich bereits, einen Schnellkochtopf zu verwenden und damit 50 bis 70% Energie zu sparen.

Bei den Backöfen kann eine Umluftröhre bis zu 30% Energie einsparen, unter Anderem, weil sie bei gleichem Backergebnis auf eine um 25°C niedrigere Temperatur eingestellt werden kann. Es gibt mittlerweile Geräte, in denen sich mit Hilfe eines Backraumteilers bei geringer Beladung der beheizte Bereich verkleinern lässt. Sehr wichtig ist auch eine gute Isolierung der Backröhre und der Ofentür. Auf Vorheizen kann generell verzichtet werden. Dadurch werden etwa 20% Energie eingespart. Denn beim Backen wird ohnehin viel Energie verschwendet: Bei der Zubereitung eines 2 kg schweren Bratens gehen über drei Viertel der gesamten Energie an die Umgebung verloren. 15% heizen den Ofen

---

[68] vgl. Schlumberger, S. 29 ff.

auf und nur 7% der Energie werden tatsächlich zum Garen des Bratens verwendet.[69]

Werden alle Sparmaßnahmen eingehalten, sollte zusätzlich der benötigte Strom von Ökostromanbietern bezogen werden, also aus erneuerbaren Energien wie Sonne, Wind, Wasser und Erdwärme, um eine weitere Reduktion von Treibhausgasen zu erzielen.[70] Beispielsweise kann ein 4-Personen-Haushalt, der im Jahr rund 4.300 kWh Strom verbraucht, allein durch den Wechsel zu einem Ökostrom-Anbieter 2,5 Tonnen CO_2 einsparen. Bei einem 1-Personen-Haushalt mit einem Verbrauch von ca. 1.700 kWh liegt die Ersparnis bei ca. einer Tonne CO_2 im Jahr.[71] Zum Vergleich: Die gesamten durchschnittlichen CO_2-Emissionen in Deutschland liegen bei 11 Tonnen pro Kopf und Jahr.[72]

---

[69] vgl. Schlumberger, S. 27 ff.

[70] vgl. Koerber/ Kretschmer S. 283.

[71] vgl. Holler, www.greenpeace.de.

[72] vgl. Umweltbundesamt, www.umweltbundesamt.de.

7. Lösungsansätze und wieso diese so schwer zu realisieren sind

Um die schlimmsten Folgen des Klimawandels zu vermeiden, fordern Klimaforscher, dass die Emission von Treibhausgasen bis 2050 um weltweit mindestens 50% gesenkt werden soll. Für die Industrieländer bedeutet dies, dass diese noch viel mehr Emissionen einsparen müssen. Um dieses Ziel zu erreichen, ist vor allem eine massive Einsparung bei der Nutzung von fossilen Energieträgern notwendig. Dies betrifft alle gesellschaftlichen Bereiche, auch die Ernährung.[73] Denn unsere Ernährung hat, wie in den vorangegangenen Abschnitten beschrieben wurde, einen wesentlichen Anteil am anthropogenen Treibhauseffekt. Daher ist es sinnvoll, zu überlegen, welche Ansatzpunkte für eine Reduktion der Treibhausgasemissionen aus diesem Bedürfnisfeld bestehen.[74]

Im folgenden Abschnitt wird aufgezeigt, wie jeder einzelne mit seiner Ernährung einen Beitrag zum Klimaschutz leisten kann. Ebenso wird auf die sozial-ökonomischen Faktoren eingegangen, welche es den Wirtschaftsakteuren erschweren, gesellschaftliche Verantwortung zu übernehmen.

7.1 Handlungsempfehlungen

Verschiedene Studien zeigen, dass die heutige Weltbevölkerung komplett über ökologische Landbewirtschaftung mit ausreichend Nahrungskalorien versorgt werden könnte und dass auch das Potential vorhanden ist, eine wachsende Menschheit zu ernähren. Begründet werden die positiven Ergebnisse der Studien damit, dass eine nachhaltige Landbewirtschaftung in den Entwicklungsländern zu Ertragsvorteilen führen würde. Diese Ertragssteigerungen könnten allerdings ebenso durch den Einsatz von konventionellen Methoden, beispielsweise durch eine stärkere Mechanisierung oder den Einsatz von Kunstdüngern erfolgen. Insgesamt ist festzuhalten, dass eine ökologische bzw. nachhaltige Landbewirtschaftung einen realistischen und wesentlichen Beitrag zur Sicherung der Ernährung der Weltbevölkerung leisten kann, ggf. auch als Ergänzung zu anderen Bewirtschaftungsformen.[75]

---

[73] vgl. Koerber et al., 2007, S. 131.

[74] vgl. Fritsche/ Eberle, S. 12.

[75] vgl. Koerber et al., 2008, S. 20 f.

Auch kann die Ernährungssituation auf der Erde verbessert werden, wenn es gelingt, den Flächenbedarf der Industrieländer pro erzeugter Nahrungskalorie zu vermindern. Dies kann durch einen verringerten Fleischkonsum geschehen, denn zusätzlich zu den Flächen der Viehhaltung werden für die Fleischproduktion noch Flächen zum Anbau von Futterpflanzen benötigt.[76] Um diese Entwicklungen zu steuern, muss jeder etwas tun. Denn Konsumenten tragen Mitverantwortung und besitzen eine nicht zu unterschätzende Einflussmacht, beispielsweise über das Nachfrageverhalten nach bestimmten Lebensmitteln.[77]

In einer Studie wurden verschiedene Ernährungsstile in Hinsicht auf ihre Klimarelevanz abgeschätzt. Diese Ernährungsstile waren eine durchschnittliche Mischkost mit viel Fleisch, die Vollwerternährung mit wenig oder gar keinem Fleisch, jeweils mit ökologischen oder konventionell erzeugten Lebensmitteln. Dabei zeigte sich die größte Einsparung von Treibhausgasemissionen bei einer teilweisen Verminderung oder vollständigen Vermeidung des Fleischverzehrs, die zweitgrößte bei der ausschließlichen Verwendung von Öko-Lebensmitteln. Allein dadurch, dass man also seine Ernährungsgewohnheiten dahingehend ändert, dass man weniger Fleisch konsumiert und dabei nur Öko-Lebensmittel konsumiert, ließen sich die Treibhausgasemissionen um 64% gegenüber einer Ernährung mit fleischreichen, konventionell erzeugten Nahrungsmitteln vermindern.[78]

Eine Reduktion von Treibhausgasen in der Lebensmittelproduktion durch eine veränderte Nachfrage ist sicherlich eine wichtige Stellschraube, sie ist jedoch nicht die Einzige. Ebenso ist eine Reduktion des Energieverbrauches in der Lagerung und Zubereitung von Lebensmitteln erforderlich.[79]

Man sieht: Klimaschonende Ernährung kann erheblich zum Klimaschutz beitragen. Mit einem klimafreundlichen Ernährungsstil kann der Ausstoß von Treibhausgasen im Bedürfnisfeld Ernährung um mehr als die Hälfte vermindert werden. Werden konsequent alle genannten Empfehlungen umgesetzt und erfolgt die Bereitstellung der dann noch benötigten Energie aus erneuerbaren Quellen,

---

[76] vgl. Koerber et al., 2008, S. VII.

[77] vgl. Geyer, S. 79.

[78] vgl. Koerber et al., 2007, S. 135.

[79] vgl. Fritsche/Eberle S. 12.

so ist die Klimabelastung sogar deutlich stärker zu vermindern. So könnte sich im Ernährungsbereich das von Wissenschaftlern für Industrieländer geforderte Klimaschutzziel einer bis zu 80-prozentigen Verminderung der Treibhausgas-Emissionen erreichen lassen. Vorteilhaft ist, dass jeder einzelne sofort, täglich und ohne hohen Aufwand damit anfangen kann.[80]

7.2 Die Auswirkungen sozial-ökonomischer Faktoren auf unser Handeln

Obwohl es den Menschen bewusst ist, dass sie durch ihr Handeln ihren Lebensraum zerstören, ändern sie ihr Verhalten nicht. Dies hat viele Gründe. So konnten Umweltökonomen in zahlreichen Studien empirisch nachweisen, dass es sozial-ökonomische Faktoren gibt, die es den Menschen sehr schwer machen, nachhaltig mit den natürlichen Ressourcen umzugehen. Zu diesen Faktoren gehören vor allem die Externalisierung von Umweltkosten, die Behandlung der natürlichen Ressourcen als öffentliche Güter sowie einige weitere sozial-ökonomische Faktoren. Die Umweltökonomen konnten durch ihre Theorien aufzeigen, dass die Übernutzung der natürlichen Ressourcen strukturell bedingt ist und nahezu zwangsläufig entsteht. Im folgenden Abschnitt sollen die Auswirkungen der Externalisierung von Umweltkosten, der Behandlung der natürlichen Ressourcen als freie Güter sowie die Problematik des Gefangenendilemmas in Hinsicht auf die Nutzung der Erde zur Gewinnung von Nahrung erläutert werden.

Mit der Externalisierung von Umweltkosten ist die Überwälzung von sozialen und ökologischen Kosten, die bei der Produktion und dem Konsum von Gütern entstehen, auf Dritte gemeint. Aufgrund dieser Überwälzung können die Güter zu einem Preis unterhalb der eigentlichen Produktionskosten verkauft werden. Daraus resultiert eine Übernachfrage nach dem Produkt und es kommt zu einer Fehlallokation, also zu einer ineffizienten Verwendung der Ressourcen. Nach der neoklassischen Theorie können Güter am effizientesten durch den Marktmechanismus verteilt werden. Durch den Preismechanismus streben die Tauschprozesse auf einem Markt zu einem Gleichgewicht, auch Pareto-

---

[80] vgl. Koerber/ Kretschmer, S. 183 f.

Optimum genannt. Hier entspricht die angebotene Gütermenge der nachgefragten Gütermenge und es kann kein Wirtschaftssubjekt
besser gestellt werden, ohne dass ein anderes schlechter gestellt wird. Zwar ist an diesem Punkt die Wohlfahrt der Volkswirtschaft am größten, jedoch sagt dies nichts über gerechte Verteilung der Ressourcen oder der Güter nach dem Tauschprozess aus. Damit dieser Selbststeuerungsmechanismus der Märkte funktioniert, müssen die Preise alle entstehenden Kosten widerspiegeln, da es sonst zu Fehlallokationen kommt.[81]

So stellt für viele Konsumenten der Preis von ökologisch erzeugten Lebensmitteln den Hauptgrund für deren Nicht-Konsum dar. Zwar ergibt sich der höhere Preis für Öko-Produkte durch eine höhere Prozess- und Produktqualität, der niedrigere Preis für konventionell produzierte Lebensmittel liegt aber vor allem darin begründet, dass Umweltkosten externalisiert werden und somit die Preise nicht die *ökologische Wahrheit* sagen. Strategien für mehr Nachhaltigkeit im Ernährungssystem sollten deshalb auf die Internalisierung – also die Einbeziehung – von Umweltkosten in die Preise gerichtet sein.[82]

Da dies aber nicht geschieht, werden die Umweltkosten auf unterschiedliche Gruppen umgewälzt. Zum einen auf die Steuerzahler, die zum Beispiel die Beseitigung von Umweltschäden aufkommen müssen. Weiter tragen die künftigen Generationen die Kosten. Außerdem trägt die Natur erhebliche Teile Kosten, denn sie *bezahlt* z.B. mit dem Aussterben von Arten.

Auch die Behandlung der natürlichen Ressourcen als öffentliche oder auch freie Güter führt zu einer Fehlallokation, da sich ihre Knappheit nicht im Preis widerspiegelt. Entgegen der Annahme, die freie Güter auszeichnet, liegt eindeutig eine Nutzenrivalität vor, denn natürliche Ressourcen unterliegen Belastungsgrenzen, sind als nicht unendlich verfügbar. So benötigen alle Menschen sauberes Wasser und unbelastete Luft. Wenn andere diese Ressourcen verschmutzen, treten typische Rivalitäten auf, welche eigentlich ein Kennzeichen für nicht-öffentliche Güter sind. Solange der Ressourcenverbrauch gering blieb und die Regenerationskraft der natürlichen Kreisläufe ausreichte, um das

---

[81] vgl. Rogall, S. 63 ff.
[82] vgl. Brunner, S. 173 f.

ökologische Gleichgewicht aufrechtzuerhalten, wirkte sich diese falsche Zuordnung wenig aus. Für den einzelnen Wirtschaftsakteur ist es schwierig, das eigene Fehlverhalten zu verändern, da es seinen eigenen Nutzen kurzfristig erhöhen kann. Die natürlichen Ressourcen erzeugen für den Einzelnen also positive externe Effekte, da sie kostenlos oder zu einem geringen Preis zur Verfügung stehen.

Ganz gleich, ob nun Ressourcen als öffentliche Güter behandelt werden oder die Umweltkosten externalisiert werden, es findet aufgrund des zu geringen Marktpreises eine Fehlallokation statt, welche zu einer Übernutzung der natürlichen Ressourcen führt. Daher muss der Staat die Ressourcen vor einer Übernutzung schützen, damit die Umweltgüter auch künftigen Generationen zu Verfügung stehen.[83]

Es gibt neben der Externalisierung von Umweltkosten und der Behandlung der natürlichen Ressourcen als freie Güter noch weitere sozial-ökonomische Faktoren, die das Verhalten der Menschen bestimmen. Dazu gehört insbesondere das Gefangenendilemma. Auf weitere sozial-ökologische Faktoren, wie z.B. das Trittbrettfahrersyndrom und das Allmendeproblem, wird im Folgenden nicht eingegangen.

Das Gefangenendilemma im wirtschaftlichen Kontext besagt, dass es für den einzelnen Wirtschaftsakteur schwierig ist, etwas für die Gemeinschaft zu tun, wenn er dadurch seinen eigenen Nutzen verkleinert. Sogar für den Fall, dass der Akteur weiß, dass sein Verhalten gesellschaftliche Gefahren verstärkt, ist er nicht bereit auf die eigene Nutzenmaximierung zu verzichten, wenn er nicht sicher sein kann, dass alle anderen Akteure auch verzichten. Dieses Verhalten ist individuell nachzuvollziehen, denn ein einzelner Verzicht führt tatsächlich nicht zu einer Problemlösung, da es sich nur um einen sehr kleinen Beitrag handelt. Nur wenn fast alle Menschen ihr Verhalten verändern, ließen sich die Probleme lösen. Als Beispiel für das Gefangenendilemma im Hinblick auf den Klimawandel kann man die mangelnde Bereitschaft der meisten Menschen nennen, auf Flugreisen zu verzichten, obwohl bekannt ist, wie Klimaschädlich der Flugverkehr ist.[84] Auch die mangelnde Bereitschaft der Menschen in den

---

[83] vgl. Rogall, S. 62 ff
[84] vgl. Rogall S. 68 f.

Industrienationen, von einer fleischhaltigen Ernährung aus vorwiegend konventionellen Landbau auf eine fleischarme Kost aus biologischer Landwirtschaft umzusteigen, kann mit dem Gefangenendilemma erklärt werden. Dem Einzelnen mag es nicht als Nutzen erscheinen, mehr Geld für scheinbar gleiche Produkte auszugeben. Für sich selber sieht er kurzfristig erst einmal einen Nachteil. Außerdem kann er nicht erkennen, dass sein individuelles Verhalten ein wertvoller Beitrag für die Reduktion von Treibhausgasemissionen sein kann, also dass sich die Gesamtsituation verbessern würde, wenn (fast) alle Akteure ihren Ernährungsstil ändern würden. Stattdessen wird gehofft, dass die andere Akteure ihre Ernährung umstellen und sich dadurch für den Einzelnen sogar ein Vorteil ergeben könnte, da nun der einzelne Akteur so lange wie nur möglich seinen Ernährungsstil beibehalten kann, während sich andere bereits umstellen. Da aber sehr viele Menschen so denken, ändert sich an der Situation nichts und die Vorteile für die Gemeinschaft können nicht erreicht werden.

8. Fazit

Mit der vorliegenden Arbeit ist es gelungen, einen Überblick über den Zusammenhang zwischen auf Treibhausgasemissionen zurückzuführenden Klimaveränderungen und der Herstellung und dem Konsum von Lebensmitteln zu geben. Dabei wurde zwischen verschiedenen Lebensmittelgruppen und Landwirtschaftlichen Methoden unterschieden. Es kam heraus, dass ökologisch erzeugte Produkte größtenteils weniger Treibhausgase bei Ihre Herstellung erzeugen, dass aber zwischen tierischen und pflanzlichen Produkten bezüglich ihrer Treibhausgasbilanz viel größere Unterschiede liegen, wobei eine fleischarme Kost die Variante ist, die weniger Treibhausgase bei ihrer Produktion verursacht. Relevant für die Klimabilanz eines Nahrungsmittels kann auch der Transport sein, besonders bei Waren aus dem weit entfernten Ausland, die mit dem Flugzeug transportiert werden.

Auch ist es nicht sinnvoll, wenn Produkte, die auch in der Region verfügbar sind, aus weiter entfernten Regionen herantransportiert werden.

Weiterhin konnte gezeigt werden, dass jeder Konsument nicht nur durch seine Kaufentscheidungen, sondern auch durch die Handhabung der Lebensmittel im Haushalt, durch bewussten Umgang mit Energie beim Kühlen und Zubereiten der Lebensmittel, sowie durch die Entscheidung, dazu Strom aus erneuerbaren Energien zu beziehen, dazu beitragen kann, die Treibhausgasemissionen des Bedürfnisfeldes Ernährung zu senken.

Wie in einigen Studien gezeigt werden konnte, ist es möglich, die momentan existierende Weltbevölkerung mit ökologisch erzeugten Nahrungsmitteln zu versorgen. Das wäre im Hinblick auf die Aufrechterhaltung der Fruchtbarkeit der Böden sicherlich die beste Variante. Denn nur so kann sichergestellt werden, dass auch künftige Generationen mit den von uns zurückgelassenen natürlichen Ressourcen, insbesondere den Böden und Gewässern, noch ertragreichen Landbau betreiben können.

Doch um diesen Zustand zu erreichen, müssten besonders die Menschen in den Industriestaaten begreifen, dass ein sofortiges Umdenken erforderlich und damit auch Verzicht verbunden ist. Der übermäßige Fleisch- und Milchkonsum und die Gier nach billigen Lebensmitteln müssen aufhören, die Menschen müssen bereit sein, Verantwortung für andere zu übernehmen, sei es nun für die Menschen in

Entwicklungsländern oder für die nachfolgenden Generationen. Dazu müssten die Tücken der sozial-ökonomischen Faktoren überwunden werden.

Auch wenn jemand nur einen kleinen Beitrag leisten kann oder möchte, sollte er sofort damit anfangen! Denn eines ist klar: „Es ist zu spät, um pessimistisch zu sein!"[85]

---

[85] Zitat aus dem Film „Home".

9. Literaturverzeichnis

Astleithner, Florentina: Fleischkonsum als Kriterium für nachhaltige Ernährungspraktiken. Erschienen in: Ernährungsalltag im Wandel – Chancen für Nachhaltigkeit. S. 149 - 171, 1. Auflage, Wien, 2007

Brunner, Karl-Michael: Der Konsum von Bio-Lebensmitteln. Erschienen in: Ernährungsalltag im Wandel – Chancen für Nachhaltigkeit. S. 1 - 38, 1. Auflage, Wien, 2007

Geyer, Sonja: Essen und Kochen im Alltag. Erschienen in: Ernährungsalltag im Wandel – Chancen für Nachhaltigkeit. S. 61 - 81, 1. Auflage, Wien, 2007

Goldmann, Melanie/ Pöppelmann, Christa: Umweltgerecht einkaufen
– Worauf Verbraucher achten sollten. 1. Auflage, Berlin, 2008

Hahlbrock, Klaus: Kann unsere Erde den Menschen noch ernähren?
– Bevölkerungsexplosion – Umwelt – Gentechnik. 1. Auflage, Frankfurt am Main, 2007

Jäger, Jill: Was verträgt unsere Erde noch? Wege in die Nachhaltigkeit. 3. Auflage, Frankfurt am Main, 2007

v. Koerber, Karl/ Kretschmer, Jürgen/ Prinz, Stefanie: Globale Ernährungsgewohnheiten und -trends. Expertise für das WBGU- Hauptgutachten „Welt im Wandel: Zukunftsfähige Bioenergie und nachhaltige Landnutzung", Berlin, 2008

v. Koerber, Karl/ Kretschmer, Jürgen/ Schlatzer, Martin: Ernährung und Klimaschutz – Wichtige Ansatzpunkte für verantwortungsbewusstes Handeln. Erschienen in: Ernährung im Fokus 7 05/07,S. 130-137, 2007

v. Koerber, Karl / Kretschmer, Jürgen: Bewusst essen – Klima schützen. Erschienen in: UGB-Forum 5/07, S. 214-217, 2007

v. Koerber, Karl / Kretschmer, Jürgen: Ernährung und Klima. Nachhaltiger Konsum ist ein Beitrag zum Klimaschutz. Erschienen in: Der Kritische Agrarbericht 2009, S. 280-285, Hamm, 2009

Radermacher, Franz Josef / Beyers, Bert: Welt mit Zukunft – Überleben im 21. Jahrhundert. 1. Auflage, Hamburg, 2007

Rogall, Holger: Nachhaltige Ökonomie – Ökonomische Theorie und Praxis einer Nachhaltigen Entwicklung. 1. Auflage, Marburg, 2009

Schlumberger, Andreas: 50 Einfache Dinge, die Sie tun können um die Welt zu retten und wie Sie dabei Geld sparen. 1. Auflage, Frankfurt am Main, 2004.

Internetquellen:

Bundesministerium für Ernährung, Landwirtschaft und Verbraucherschutz: Landwirtschaft und Klimawandel – Neue Konzepte von Politik und Wirtschaft. Berliner Agrarministergipfel 16. Januar 2010. Online im Internet unter: http://www.gffa-berlin.de/images/stories/FIGW2010/ PDFs/endfassung_schlussfolgerungen_deutsch.pdf. Zuletzt gesehen am 03.08.2010

Eisbrenner, Manuel: Ursache: Mensch - wie wir unsere Erde zerstören. Online im Internet unter: http://www.das- energieportal.com/16.html. Zuletzt gesehen am 03.08.2010

Helge Holler: Wie Sie 1000 Kilogramm CO2 einsparen - "Rettet die Erde - Ich bin dabei". Online im Internet unter: http://www.greenpeace.de/themen/klima/kampagnen/klimaschutz/det ail/artikel/wie_sie_1000_kilogramm_co2_einsparen/. Zuletzt gesehen am 03.08.2010

Umweltbundesamt: Presse-Information 070/2009:106 Millionen Tonnen weniger CO2. Online im Internet unter: http://uba.klima- aktiv.de/umleitung_uba.html. Zuletzt gesehen am 03.08.2010.

Einzelbände

Dr. Christin Löffler. Nachhaltigkeit und Konsum - Vom Konzept der nachhaltigen Entwicklung. ISBN: 978-3-638-15301-0.

Daniel Fedders. Nachhaltiger Konsum – Akteure, Mittel und Aussichten. ISBN: 978-3-640-83574-4.

L. L.. Kann das Individuum zur globalen Nachhaltigkeit beitragen? ISBN: 978-3-640-89292-1.

Anna-Sophie Buhler. Die moderne Konsumgesellschaft, ihre Folgen für die Umwelt und eine neue Form der Konsumkritik: Containern. ISBN: 978-3-640-90650-5

Janine Kowalla. Klimaschutz und Ernährung. ISBN: 978-3-640-97457-3.